Die Problematik der Inflation in der Rechnungslegung

Sandra Gasch

Die Problematik der Inflation in der Rechnungslegung

Sandra Gasch
Neuss, Deutschland

ISBN 978-3-658-36627-8   ISBN 978-3-658-36628-5 (eBook)
https://doi.org/10.1007/978-3-658-36628-5

Die Deutsche Nationalbibliothek verzeichnet diese Publikation in der Deutschen Nationalbibliografie; detaillierte bibliografische Daten sind im Internet über http://dnb.d-nb.de abrufbar.

© Der/die Herausgeber bzw. der/die Autor(en), exklusiv lizenziert durch Springer Fachmedien Wiesbaden GmbH, ein Teil von Springer Nature 2022
Das Werk einschließlich aller seiner Teile ist urheberrechtlich geschützt. Jede Verwertung, die nicht ausdrücklich vom Urheberrechtsgesetz zugelassen ist, bedarf der vorherigen Zustimmung des Verlags. Das gilt insbesondere für Vervielfältigungen, Bearbeitungen, Übersetzungen, Mikroverfilmungen und die Einspeicherung und Verarbeitung in elektronischen Systemen.
Die Wiedergabe von allgemein beschreibenden Bezeichnungen, Marken, Unternehmensnamen etc. in diesem Werk bedeutet nicht, dass diese frei durch jedermann benutzt werden dürfen. Die Berechtigung zur Benutzung unterliegt, auch ohne gesonderten Hinweis hierzu, den Regeln des Markenrechts. Die Rechte des jeweiligen Zeicheninhabers sind zu beachten.
Der Verlag, die Autoren und die Herausgeber gehen davon aus, dass die Angaben und Informationen in diesem Werk zum Zeitpunkt der Veröffentlichung vollständig und korrekt sind. Weder der Verlag noch die Autoren oder die Herausgeber übernehmen, ausdrücklich oder implizit, Gewähr für den Inhalt des Werkes, etwaige Fehler oder Äußerungen. Der Verlag bleibt im Hinblick auf geografische Zuordnungen und Gebietsbezeichnungen in veröffentlichten Karten und Institutionsadressen neutral.

Planung/Lektorat: Marija Kojic
Springer Gabler ist ein Imprint der eingetragenen Gesellschaft Springer Fachmedien Wiesbaden GmbH und ist ein Teil von Springer Nature.
Die Anschrift der Gesellschaft ist: Abraham-Lincoln-Str. 46, 65189 Wiesbaden, Germany

Gender-Hinweis

Aus Gründen der besseren Lesbarkeit wird bei Personenbezeichnungen und personenbezogenen Hauptwörtern in dieser wissenschaftlichen Arbeit das generische Maskulinum verwendet. Entsprechende Begriffe gelten im Sinne der Gleichbehandlung grundsätzlich für alle Geschlechter. Die verkürzte Sprachform hat nur redaktionelle Gründe und beinhaltet keine Wertung.

Inhaltsverzeichnis

1	**Einleitung**	1
	1.1 Problemstellung, Zielsetzung und Forschungsfrage	3
	1.2 Hypothesen	3
	1.3 Aktueller Forschungsstand	4
	1.4 Gewählte Vorgehensweise	7
2	**Definition Inflation**	9
3	**Die Historie der Inflation**	11
4	**Die Entwicklung der Inflation**	15
5	**Prinzipienkonflikt**	19
6	**Der Einfluss der Inflation auf die Richtlinien des Handelsrechts**	21
	6.1 § 241a HGB (Befreiung von der Pflicht zur Buchführung und Erstellung eines Inventars)	22
	6.2 § 267 HGB (Umschreibung der Größenklassen)	22
	6.3 § 267a HGB (Kleinstkapitalgesellschaften)	25
	6.4 § 293 HGB (Größenabhängige Befreiungen)	25
	6.5 Zusammenfassung des Einflusses der Inflation auf die handelsrechtlichen Richtlinien	27
7	**Der Einfluss der Inflation auf die Bilanz**	29
	7.1 Aktivseite	29
	7.1.1 Anlagevermögen	30
	7.1.2 Umlaufvermögen	34
	7.2 Passivseite	37
	7.2.1 Eigenkapital	37

		7.2.2 Rückstellungen	38
		7.2.3 Verbindlichkeiten	39
	7.3	Zusammenfassung des Einflusses der Inflation auf die Bilanz	40
8	**Der Einfluss der Inflation auf die Gewinn- und Verlustrechnung**		**41**
	8.1	Umsatzerlöse	41
	8.2	Materialaufwand	42
	8.3	Personalaufwand	42
	8.4	Abschreibungen	43
	8.5	Sonstige betriebliche Aufwendungen	43
	8.6	Jahresüberschuss bzw. Jahresfehlbetrag	44
9	**Der Einfluss der Inflation auf die Kapitalflussrechnung**		**45**
10	**Ergebnis**		**47**
11	**Reflexion**		**49**
12	**Fazit und Ausblick**		**51**
Literaturverzeichnis			**53**

Verzeichnis der Abkürzungen

%	Prozent
€	Euro
§	Paragraph
Abb.	Abbildung
ADHGB	Allgemeines Deutsches Handelsgesetzbuch
AG	Aktiengesellschaft
AHK	Anschaffungs- und Herstellungskosten
AK	Anschaffungskosten
AktG	Aktiengesetz
Art.	Artikel
Aufl.	Auflage
BilReG	Bilanzrechtsreformgesetz
BilRUG	Bilanzrichtlinie-Umsetzungsgesetz
bspw.	beispielsweise
bzw.	beziehungsweise
ca.	circa
Covid-19	Coronavirus-Krankheit-2019
DM	Deutsche Mark
DRS	Deutscher Rechnungslegungs Standard
EStG	Einkommensteuergesetz
EZB	Europäische Zentralbank
FIFO	First In – First Out
Flossbach von Storch	Flossbach von Storch AG
Framework	Framework des International Accounting Standards Board
Gem.	Gemäß

GmbH	Gesellschaft mit beschränkter Haftung
GmbHG	Gesetz betreffend die Gesellschaften mit beschränkter Haftung
GoB	Grundsätze ordnungsmäßiger Buchführung
GuV	Gewinn- und Verlustrechnung
GWG	geringwertige Wirtschaftsgüter
HGB	Handelsgesetzbuch
HK	Herstellungskosten
I.	der Erste
i. V. m.	in Verbindung mit
IAS	International Accounting Standards
IDW	Institut der Wirtschaftsprüfer in Deutschland e. V.
IFRS	International Financial Reporting Standards
KapCoRiLiG	Kapitalgesellschaften- und Co.-Richtlinie-Gesetz
LIFO	Last In – First Out
max.	maximal
MOXTER	Adolf Moxter
Nr.	Nummer
o. J.	Ohne Jahresangabe
OCI	Other Comprehensive Income
ROHG	Reichsoberhandelsgericht
Rz.	Randziffer
SAVARY	Jacques Savary
sbA	sonstige betriebliche Aufwendungen
SE	Societas Europaea
SE-Vo	Societas Europaea Verordnungen
USA	United States of America
VFE-Lage	Vermögens-, Finanz- und Ertragslage
vgl.	vergleich
VPI	Verbraucherpreisindex

Abbildungsverzeichnis

Abb. 1.1	Einflussfaktoren der Rechnungslegung	2
Abb. 1.2	Inflationsrate in Deutschland (VPI)	3
Abb. 1.3	Inflation im Euroraum, Mai 2021	5
Abb. 1.4	Jährliche Inflationsrate, Mai 2021	6
Abb. 2.1	Gruppierungen der Inflationen	10
Abb. 3.1	Auszug aus der Bilanz des Geschäftsjahres 1922/1923	14
Abb. 4.1	Deutsche Inflationsentwicklung 2005–2020	15
Abb. 4.2	Entwicklung der Anschaffungskosten/des Erfüllungsbetrags 2005–2020	16
Abb. 6.1	kumulierte Inflationsentwicklung 2000–2020	21
Abb. 6.2	§ 241a Befreiung von der Pflicht zur Buchführung und Erstellung eines Inventars	22
Abb. 6.3	§ 267 Umschreibung der Größenklassen	23
Abb. 6.4	§ 267a Kleinstkapitalgesellschaften	25
Abb. 6.5	§ 293 Größenabhängige Befreiungen	26
Abb. 7.1	FvS Vermögensindex	32
Abb. 7.2	Inflations- & Grundstückspreisentwicklung 2000–2020	33
Abb. 7.3	Einfluss der Inflation auf die Bilanz	40
Abb. 8.1	kumulierte Inflationsentwicklung & Mindestlohnentwicklung	42

Einleitung 1

Mit Hilfe der Rechnungslegung soll den Jahresabschlussadressaten insbesondere durch quantifizierbaren Rechenwerken die richtige Darstellung einer Wirtschaftseinheit ermöglicht werden.[1] Dabei bezieht sich die Rechnungslegung auf verschiedene Geschäftsvorfälle, welche einen finanziellen Einfluss auf die Gesellschaft hat.[2] International wird durch eine Bilanz und eine Gewinn- und Verlustrechnung ein fundamentiertes Zahlenwerk bearbeitet.[3] In den beiden Rechenwerken finden die Ansätze und Bewertungen innerhalb eines bestimmten betriebswirtschaftlichen Rahmen der Rechnungslegung statt. Der Rahmen setzt sich aus Einflussfaktoren zusammen, welche in der folgenden Abbildung darstellt werden:

Gem. § 244 HGB ist der Jahresabschluss in Euro darzustellen. Demnach hat die Berichtswährung und ihre Veränderungen einen offensichtlichen Einfluss auf die ökonomische Darstellung eines Unternehmens. Bei einer instabilen Währung könnten falsche Rückschlüsse für den Rechnungslegungsadressaten erfolgen.

Besonders problematisch ist demnach der Einflussfaktor der Inflation. Insbesondere während der Covid-19 Pandemie ist die Thematik der Inflation wieder verstärkt fokussiert worden. Hierbei liegt die Sorge vor einer weitergehenden Teuerung vor, da in dem Zeitraum neben einer erhöhten Nachfrage gleichzeitig ein rückgängiges Angebot vorhanden war.[4] Explizit in den USA wird eine erhebliche Inflationsentwicklung für die postpandemische Periode erwartet.[5]

---

[1] Vgl. Pellens et al., 2017, S. 2.
[2] Vgl. Pellens et al., 2017, S. 3.
[3] Vgl. Pellens et al., 2017, S. 2.
[4] Vgl. Greive, 2021.
[5] Vgl. Greive, 2021.

© Der/die Autor(en), exklusiv lizenziert durch Springer Fachmedien
Wiesbaden GmbH, ein Teil von Springer Nature 2022
S. Gasch, *Die Problematik der Inflation in der Rechnungslegung*,
https://doi.org/10.1007/978-3-658-36628-5_1

Abb. 1.1 Einflussfaktoren der Rechnungslegung. (Quelle: Eigene Darstellung)

Auch in Deutschland ist die Inflationsrate deutlich gestiegen (vgl. Abb. 1.2).[6] Erkennbar ist die Veränderung verstärkt im Mai 2021. Die Inflationsrate hat sich dabei im Vorjahresvergleich um bis zu 2,5 % verändert.[7] Zudem wird erwartet, dass die Inflation ihren positiven Anstieg in den nächsten Jahren weiter fortsetzten wird.[8]

Der Anstieg der Inflation könnte demnach Auswirkungen auf die Rechnungslegung haben und die getreue Darstellung des Jahresabschlusses könnte nicht gewährleistet werden.

---

[6] Vgl. Statista, 2021a.
[7] Vgl. Statista, 2021a.
[8] Vgl. Mallien, 2021.

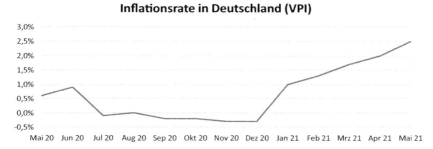

Abb. 1.2 Inflationsrate in Deutschland (VPI). (Quelle: Eigene Darstellung in Anlehnung an Statista, 2021a)

1.1 Problemstellung, Zielsetzung und Forschungsfrage

In der vorliegenden wissenschaftlichen Arbeit soll die Abhängigkeit der Inflation und der Rechnungslegung thematisiert werden. Ziel ist es die resultierenden Konflikte zu erkennen und Lösungsansätze für diese zu ermitteln.

Die Ausarbeitung bezweckt eine geeignete Darstellung des Jahresabschlusses, wobei zum einen nachvollzogen werden soll, ob eine nominale Abbildung des Jahresabschlusses möglich und sinnvoll wäre, um den Adressaten ein optimales Bild der Vermögens-, Finanz- und Ertragslage zu bieten. Hinzukommend sollen die Auswirkungen der Inflation in Anbetracht der Liquidität behandelt werden. Zum anderen soll untersucht werden, ob für festgesetzte Zahlen im Handelsrecht angesichts der anhaltenden Inflation eine Anpassung erforderlich wäre.

Weitergehend soll durch die Untersuchung ein allgemeines vergangenheitsorientiertes Verständnis für die Problematik der Inflation auf den Jahresabschluss erreicht werden.

Insbesondere durch eine immer größer werdende betriebswirtschaftliche Angst vor der Inflation besitzt die Fragestellung Aktualität und Praxisnähe.[9]

1.2 Hypothesen

Die kontinuierliche Geldentwertung lässt schlussfolgern, dass zwischen einem nominalen und realen Jahresabschluss eine Differenz vorliegt. Eine nominale

---

[9] Vgl. Flossbach, 2021.

Darstellung könnte die stillen Reserven sowie die stillen Lasten abbilden und demnach die Vermögens-, Finanz- und Ertragslage einer Gesellschaft realistisch darstellen. Die Möglichkeit dieser Darstellung besteht und wird ansatzweise international durchgeführt (bspw. OCI nach IAS 1.7).

Jedoch könnte dies für den Adressaten des Jahresabschlusses ohne weitere Zusatzinformationen zu Verständnisproblemen führen. Zudem wäre der Grundsatz der Bilanzkontinuität (vgl. § 252 Abs. 1 Nr. 1 HGB) nicht bewährt.

Des Weiteren ist anzunehmen, dass die Auswirkungen der Inflation auf die Solvenz verstärkt vorliegen, da die Geldentwertung einen Effekt auf den gesamten Markt besitzt und sowohl den Kunden im Absatzmarkt als auch den Lieferanten im Beschaffungsmarkt ebenso betrifft.

Außerdem ist anzunehmen, dass die rechtlichen Bewertungsmerkmale im Handelsrecht aufgrund der Inflation Anpassungen unterlagen, da besonders festgesetzte Maßstäbe unterschiedliche Effekt auf die Wirtschaftseinheiten haben.

1.3 Aktueller Forschungsstand

Während der thematischen Auseinandersetzung wurde erkennbar, dass die Inflation im Zuge der Covid-19 Pandemie verstärkt durch die Medien thematisiert wurde. Dies liegt besonders an dem signifikanten Anstieg der monatlichen Inflationsrate im Jahr 2021 (vgl. Abb. 1.2).[10] Mit dieser erhöhten Geldentwertung gehen die Unternehmen unterschiedlich um. Einige Unternehmen haben die Kostensteigerung durch eine Preiserhöhung an den Endverbraucher weiterbelasten können (überwiegend Luxusunternehmen).[11] Andere Unternehmen dagegen mussten ihre Gewinnmarge verkleinern.[12]

Die Untersuchung der Inflationsentwicklung hat zusätzlich ergeben, dass es bei der Geldentwertung nationale und branchenbezogene Abhängigkeiten gibt.[13]

Innerhalb der Branchen verzeichnet beispielsweise der Energie-Sektor im Mai 2021 eine herausstechende Inflationsrate von 13,1 % im Vergleich zu Vorjahr (vgl. Abb. 1.3).[14] Demnach ist die Energieindustrie im Abgleich zum Gesamtindex deutlich stärker von der dynamischen inflationären Entwicklung betroffen.

---

[10] Vgl. Greive, 2021.
[11] Vgl. Fröndhoff et al., 2021.
[12] Vgl. Fröndhoff et al., 2021.
[13] Vgl. Eurostat, 2021a.
[14] Vgl. Eurostat, 2021a.

1.3 Aktueller Forschungsstand

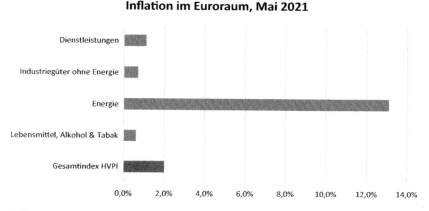

Abb. 1.3 Inflation im Euroraum, Mai 2021. (Quelle: Eigene Darstellung in Anlehnung an Eurostat, 2021a)

Die nationalen Unterschiede liegen überdies auch in Europa vor.[15] Abb. 1.4 geht auf unterschiedliche Inflationsraten im Euroraum für Mai 2021 ein. Eine deutliche Spanne zwischen der Deflation in Griechenland von -1,2 % bis hin zu einer schweren Inflation in Ungarn von 5,3 % ist ersichtlich.[16]

Daraus resultiert, dass für ein Unternehmen entscheidend sein kann welche Inflationsrate bzw. Preisanpassungen bei ihren Kunden und Lieferanten vorliegen. Die Inflation wiederum hat betriebswirtschaftliche Effekte auf die Gesellschaft und ihrer Preisanpassung. Ein weitergeführter Kreislauf entsteht zwischen Beschaffungs- und Absatzmarkt, wodurch eine erhöhte Inflationserwartung vorliegt.[17]

Das Resultat im Zuge der Pandemie ist ein erhöhter Schuldenstand und eine gestiegene Sparquote.[18] In Folge der Ansparungen erwarten Experten, dass die postpandemische Zeit sich durch eine signifikante Nachfrage charakterisieren wird, welche den Preis nachträglich ankurbeln wird.[19]

---

[15] Vgl. Eurostat, 2021b.
[16] Vgl. Eurostat, 2021b.
[17] Vgl. Greive, 2021.
[18] Vgl. Greive, 2021.
[19] Vgl. Greive, 2021.

Die Inflation ist ein durchgeforschtes und gegenwärtiges Thema, wobei besonders bei hohen Inflationsraten die Aufmerksamkeit gegeben ist. Analog dazu ist die Rechnungslegung ein untersuchter Bereich, welcher durchgehend Veränderungen unterliegt und stark von seinen Rahmenbedingungen abhängig ist (vgl. Abb. 1.1).

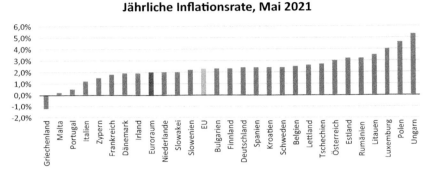

Abb. 1.4 Jährliche Inflationsrate, Mai 2021. (Quelle: Eigene Darstellung in Anlehnung an Eurostat, 2021b)

Untersuchungen der Knotenpunkte zwischen der Inflation und der Rechnungslegung liegen international vor, wobei der Fokus auf die Auswirkungen der Hyperinflation ist (vgl. IAS 29).[20,21] Jahresabschlusspostenbezogene Auseinandersetzungen liegen vereinzelt vor. Die Änderungen von fixen Merkmalen im Handelsrecht und die inflationären Effekte auf die Solvenz und Liquidität wurden kaum untersucht.

Vermehrt konnte die Auseinandersetzung mit der Inflation in der Unternehmensbewertung gefunden werden, wobei das Modell von Bradley/Jarrell sowie der IDW S. 1 hinterfragt wurden.[22,23] Eine benannte Schlussfolgerung war, dass inflationsbedingte Wertzuwächse weder nach HGB noch nach IFRS Gewinn darstellen dürften, da diese das Kongruenzprinzip durchbrechen würden.[24]

---

[20] Vgl. IAS Plus, o. J.
[21] Vgl. Liberto/Kharitit, 2020.
[22] Vgl. Friedl/Schwetzler, 1998.
[23] Vgl. Wiese, 2007.
[24] Vgl. Friedl/Schwetzler, 1998.

1.4 Gewählte Vorgehensweise

Die Inflation und die Rechnungslegung sind beide sehr große Themenfelder. Demnach werden in dieser Arbeit die Schnittstellen der beiden Felder betrachtet.

Zur Einführung des Themas wird zunächst die Inflation definiert und die Historie der Bewertung in der Rechnungslegung betrachtet, um die geltenden Regelungen besser nachvollziehen zu können.

Die retrospektive Entwicklung der Inflation wird danach anhand eines Musterfalls erklärt, wobei die einzelnen Ansatz- und Bewertungsprinzipien bereits beleuchtet werden. Gleichzeitig ist die dynamische Entwicklung nachzuvollziehen.

In Folge dessen wird der aus der Inflation entstehende Prinzipienkonflikt dargestellt. Dieser stellt ein Fundament der Untersuchung des Jahresabschlusses dar. Da die externe Rechnungslegung auf das Handelsrecht aufbaut, erfolgt eine Betrachtung der festgelegten Merkmale im Handelsrecht. Es soll kritisch beurteilt werden, ob eine Anpassung erforderlich ist.

Anschließend erfolgt die Analyse der Auswirkungen auf die Bilanz und GuV. Dabei werden wesentliche Posten betrachtet. In der Untersuchung wird besonders die inflationäre Bewertung der Bilanz fokussiert. Die Betonung der bilanziellen Betrachtung entsteht daraus, da die Bilanz stichtagsbezogen ist und eine Veränderung deutlicher in Erscheinung tritt.

Weitergehend erfolgt eine Untersuchung der Kapitalflussrechnung, um die Effekte der Inflation auf die Solvenz und Liquidität zu erkennen.

Zuletzt werden die zentralen Ergebnisse der Arbeit zusammengefasst, kritisch reflektiert und gegeneinander abgewogen. Des Weiteren erfolgt ein Fazit, wobei die zukünftige Bedeutung des Problems thematisiert wird.

Definition Inflation 2

Der Begriff „Inflation" ist lateinisch und ist mit Aufschwellen zu übersetzen.[1] Bei der Inflationsrate handelt es sich um einen volkswirtschaftlichen Wert, welcher sich aus einem ökonomischen Preisanstieg, einer einhergehenden Geldwertminderung und einer geringen Kaufkraft in einem Wirtschaftsraum definiert.[2,3,4] Auslöser kann eine Steigerung der Geldmenge bei einer unveränderten Gütermenge sein, welche wiederum aus einem geringen Angebot und einer verstärkten Nachfrage resultiert.[5]

Für die Berechnung des jährlichen Geldwertverlust gibt es unterschiedliche Indikatoren und Kennzahlen wie bspw. den Verbraucherpreisindex (VPI).[6,7] Der VPI bezieht sich auf einen Haushalt des durchschnittlichen Endverbrauchers, wobei ca. 750 Produkte und Dienstleistungen vom Statistischen Bundesamt definiert werden.[8,9,10] Die Inflationsrate ergibt sich aus dem Vergleich zu einem Basisjahr. Der prozentual jährliche Wertverlust des Geldes kann in drei Gruppen eingeteilt werden (Abb. 2.1):

---

[1] Vgl. Rechnungswesen-ABC, o. J.

[2] Vgl. Statista, 2021a.

[3] Vgl. Beeker, 2016, S. 165.

[4] Vgl. Lippens, 1991, S. 243.

[5] Vgl. Buske, 2021.

[6] Vgl. Beeker, 2016, S. 192.

[7] Vgl. Rechnungswesen-ABC, o. J.

[8] Vgl. Beeker, 2016, S. 192.

[9] Vgl. Statista, 2021a.

[10] Vgl. Ivanov, 2021.

© Der/die Autor(en), exklusiv lizenziert durch Springer Fachmedien Wiesbaden GmbH, ein Teil von Springer Nature 2022
S. Gasch, *Die Problematik der Inflation in der Rechnungslegung*, https://doi.org/10.1007/978-3-658-36628-5_2

Abb. 2.1 Gruppierungen der Inflationen. (Quelle: Eigene Darstellung)

Die Folgen der geschädigten Preisstabilität sind eine erhöhte Umlaufgeschwindigkeit des Geldes, verringerte Kreditausgabe, zunehmender Kaufkraftverlust, weniger Investitionen, Schwarzmärkte und alternative Währungen durch den Vertrauensverlust.[11]

Eines der obersten Ziele der Europäischen Zentralbank ist die Wahrung der Preisniveaustabilität. Um diese zu gewährleisten peilt sie eine jährliche Inflationsrate von bis zu zwei Prozent, um eine Deflation zu vermeiden.[12,13]

Das Gegenstück zur Inflation ist die Deflation. Diese ergibt sich aus einer verringerten Geldmenge, während die Gütermenge stabil bleibt (vgl. Tabelle 2.1).[14]

Tab. 2.1 Unterteilung der Preisniveaus

Bezeichnung	Geldmenge	Gütermenge	Preis
Deflation	700 €	1.000	0,7
Preisstabilität	1.000 €	1.000	1,0
Inflation	1.500 €	1.000	1,5

Quelle: Eigene Darstellung in Anlehnung Weber, 2013

---

[11] Vgl. Rechnungswesen-ABC, o. J.
[12] Vgl. Ivanov, 2021.
[13] Vgl. Weber, 2013.
[14] Vgl. Weber, 2013.

Die Historie der Inflation 3

„Kriege und Kriegsfolgen wie radikale Besteuerungen, externe Inflation und Weltwirtschaftskrisen veränderten die kaufmännischen Verhaltensnormen", beschrieb MOXTER bereits 1986 in seinem Bilanzrecht.[1] Denn eben die Rechnungslegung wird von ökonomischen und sozialen Gegebenheiten schnell geprägt (vgl. Abb. 1.1).[2]

Im Jahr 1673 wurde in Frankreich das landesweite Handelsrecht („Ordonnance de Commerce") eingeführt, wodurch die Grundsätze der Richtigkeit und Vollständigkeit fundiert wurden.[3,4,5] Als Zusatz wurde von SAVARY der „Le Partait Négociant" als weitere kaufmännische Grundlage herausgegeben.[6] Diese beschreibt, dass die Bewertung von Vermögensgegenstände zum ursprünglichen „Kostenpreis" zu erfolgen hat und die Anschaffungskosten bei steigenden Marktpreisen gleich bleiben sollten.[7,8] Fällt der Marktpreis, ist der niedrigere Wert einzubuchen.[9] Dadurch sollten mögliche Scheingewinne verhindert werden.[10]

---

[1] Schmitz, 2016, S. 1.
[2] Vgl. Schmitz, 2016, S. 2.
[3] Vgl. Freidank/Stroebel, 1998, S. 47 f.
[4] Vgl. Saage/Barth, 2013, S. 122.
[5] Vgl. Leffson, 1987, S. 219 ff.
[6] Vgl. Schmitz, 2016, S. 85.
[7] Vgl. Saage/Barth, 2013, S. 125.
[8] Vgl. Savary, 1968.
[9] Vgl. Savary, 1968.
[10] Vgl. Saage/Barth, 2013, S. 126.

© Der/die Autor(en), exklusiv lizenziert durch Springer Fachmedien Wiesbaden GmbH, ein Teil von Springer Nature 2022
S. Gasch, *Die Problematik der Inflation in der Rechnungslegung*,
https://doi.org/10.1007/978-3-658-36628-5_3

Im Jahr 1808 fand die Verschmelzung der Ordonnance mit dem Code de Commerce statt, wobei die Regelungen zur Bewertung nicht übernommen wurden.[11,12] Der Grund dafür war, dass die Bilanzierung von Totalbilanzen erfolgte, wobei der Stichtag der Totalbilanz sich immer auf das Ende der Lebensdauer bezieht.[13,14]

Unter Friedrich Wilhelm I. wurde 1794 eine gesetzliche Regelung der Bewertungsvorschriften beschlossen, welche das Anschaffungswert- und das Niederstwertprinzip befolgen.[15,16] Das Landesrecht wurde 1850 für alle Kaufleute verpflichtend.[17]

Mit der Erscheinung des ADHGB im Jahr 1871 wurde erwartet, dass die Bewertung die Objektivität zum Verkehrswert darstellt und dass Vermögensgegenstände einzeln bewertet werden.[18,19] Weitergehend wurde durch das ROHG am 16. März 1899 beschlossen, dass bei der Bewertung höchstens die AHK zu verwenden sind. Eine vorsichtige Buchführung wurde statt einer optimistischen bevorzugt.[20]

Vor Beginn der modernen Wirtschaftsordnung besaßen die Preise saisonale Schwankungen.[21] Besonders durch die Ernte entstanden Effekte auf die regionalen Unternehmen.[22]

---

[11] Vgl. Schmitz, 2016, S. 85.
[12] Vgl. Oberbrinkmann, 1990, S. 8 f.
[13] Vgl. Saage/Barth, 2013, S. 51.
[14] Vgl. Böcking, 2018.
[15] Vgl. Saage/Barth, 2013, S. 67.
[16] Vgl. Spindler, 2005, S. 97.
[17] Vgl. Vehn, 1929, S. 432.
[18] Vgl. Saage/Barth, 2013, S. 141.
[19] Vgl. Oberbrinkmann, 1990, S. 8 f.
[20] Vgl. Schmitz, 2016, S. 109.
[21] Vgl. Schmitz, 2016, S. 1.
[22] Vgl. Schmitz, 2016, S. 1.

Im Jahr 1923 kam es zu einer Hyperinflation.[23] Auslöser waren die Reparationszahlungen, welche an Frankreich gezahlt werden mussten. Des Weiteren wurde beschlossen die Geldmenge zu erhöhen.[24] Durch das Ungleichgewicht zwischen Geld- und Gütermenge konnte in der Spitze eine monatliche Inflationsrate von 32.400 % gemessen werden.[25,26] Durch die Einführung der Rentenmark im November 1923 und die Einführung von Goldbilanzen im Dezember 1923 konnte die Inflation aufgefangen werden.[27] Zur endgültigen Beseitigung der Inflation wurde die Goldbilanzierung veröffentlicht, welche eine Bilanzierung nach Goldmarkt vorsah.[28] Dies setzte die Durchbrechung der Bilanzkontinuität sowie eine Neubewertung voraus (Abb. 3.1).[29]

Infolge der Weltwirtschaftskrise im Jahr 1929 wurde die Preisniveaustabilität durch die Stabilisierungspolitik gesetzlich fundiert.[30] Demnach regelt seither die EZB die Geldpolitik.[31]

---

[23] Vgl. Behncke, 2019.
[24] Vgl. Behncke, 2019.
[25] Vgl. Behncke, 2019.
[26] Vgl. Buske, 2021.
[27] Vgl. Behncke, 2019.
[28] Vgl. Schmitz, 2016.
[29] Vgl. Schmitz, 2016.
[30] Vgl. Beeker, 2016, S. 165.
[31] Vgl. Beeker, 2016, S. 165.

X. Rechnungslegung
vom 1. April 1922 bis 31. März 1923.

```
Kapital am 1. April 1922 . . . . . . . . . . . . . .         40 160 822,12 ℳ
Zuzüglich im Geschäftsjahr vereinnahmten
  Diskont auf Reichsschatzwechseln, Devisen- und
    Effektengewinn . . . . . . . . . . . . . . . . .         104 407 024,08 ℳ
  Bankzinsen . . . . . . . . . . . . . . . . . . . .           1 887 741,34 ℳ
Einnahmen:
  Stiftungen, einschl. durchlaufender Beträge (Hofhi-
    Stiftung, Zuwendungen aus dem Auslande, Über-
    weisungen des Stifterverbandes) . . . . . . . .          256 482 438,75 ℳ
  Reichszuschuß für das Geschäftsjahr    440 000 000,— ℳ
    do.      Vorschuß für 1923/24        400 000 000,— ℳ    840 000 000,— ℳ
                                                           1 242 938 026,29 ℳ
Abzüglich Ausgaben:
  Wissenschaftl. Einzelunternehmungen    20 151 573,05 ℳ
  Verlagswesen . . . . . . . . . . . . . 14 913 853,40 ℳ
  Bibliothekswesen  . 134 278 937,96 ℳ
    do.             . 364 322 525,— ℳ   498 601 462,96 ℳ
  Forschungsmaterialien, Apparate usw.  258 984 585,10 ℳ
  Tiermaterial . . . . . . . . . . . . .       734 180,25 ℳ
  Stipendien und Leistungen auf Grund
    besonderer Stiftungsbestimmungen     54 041 831,02 ℳ
  Verwaltungskosten . . . . . . . . . . 11 116 504,51 ℳ    858 543 440,29 ℳ
                         Kapital am 31. März 1923:          384 394 586,— ℳ
```

Abb. 3.1 Auszug aus der Bilanz des Geschäftsjahres 1922/1923. (Quelle: Deutsche Forschungsgemeinschaft (DFG), o. J)

Die Entwicklung der Inflation 4

Durch die Geld- und Fiskalpolitik, den festgelegten Regelungen und aufgrund der Historie kann angenommen werden, dass es auch in Zukunft die Inflation geben sein wird. Besonders in einer Phase der Hyperinflation, liegt eine instabile Entwicklung vor, an die man sich nur erschwert anpassen kann. Allerdings ist auch bei einer stabilen Währung mit einer Inflation von ca. 2 % ein durchgehender Wertverlust zu erkennen. Der deutsche Werteverlust des Geldes für den Zeitraum 2005 bis 2020 wird in den folgenden Darstellungen abgebildet.[1]

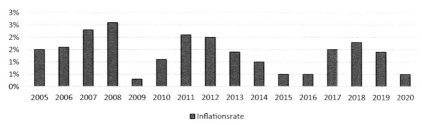

Abb. 4.1 Deutsche Inflationsentwicklung 2005–2020. (Quelle: Eigene Darstellung)

Die Abbildung 4.1 stellt die einzelnen Inflationsraten (y-Achse) in abhängig zu den Kalenderjahren (x-Achse) dar. Ersichtlich ist, dass die Inflation immer deutlich unter dem Niveau von 3 % lag, jedoch vereinzelnd die 2 % überschritt. Um die Dynamik der Inflation ein wenig buchhalterischer zu betrachten, soll

---

[1] Vgl. Ivanov, 2021.

angenommen werden, dass im Jahr 2005 ein Vermögensgegenstand mit Ansatzkosten von 100 € aktiviert wurde (vgl. § 253 Abs. 1 S. 1 HGB) bzw. Schulden mit einem Erfüllungsbetrag von 100 € passiviert wurden. Die Veränderung der beiden Zugangswerte im Zeitraum 2005 bis 2020 soll in Folge verbildlicht werden. Dies wurde errechnet, indem der Zugangswert von 100 € mit den jeweiligen jährlichen Inflationsraten einzeln multipliziert wurde (Abb. 4.2).

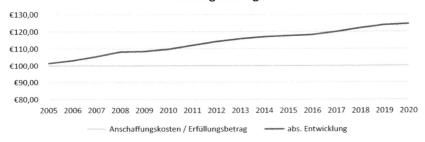

Abb. 4.2 Entwicklung der Anschaffungskosten/des Erfüllungsbetrags 2005–2020. (Quelle: Eigene Darstellung)

Die Abhängigkeit der Abbildung bezieht sich auf die Entwicklung des Zugangswertes (in EUR; y-Achse) in Bezug auf die Jahre 2005 bis 2020 (x-Achse). Als Grenze der Bewertung (vgl. § 253 HGB) wurde der historische Ansatzwert von 100 € in hell blau abgebildet. Der Grafik ist zu entnehmen, dass sich der Zugangswert alleine durch die Inflation innerhalb von 15 Jahren um ein Viertel gesteigert hat. Folglich ergibt sich, dass sich trotz einer niedrigen Inflationsrate pro Jahr die verschiedenen Prozentsätze saldieren. Daraus entsteht ein schleichender Prozess der Geldentwertung, welcher kurzfristig als unproblematisch gesehen werden kann. Langfristig hingegen entstehen durch den laufenden Posten stille Reserven, welche insbesondere aufgrund des Vorsichtsprinzips (vgl. § 252 Abs. 1 Nr. 4 HGB) handelsrechtlich nicht eingebucht werden.

4 Die Entwicklung der Inflation

Der vorliegende Sachverhalt betrachtet die Aktivseite und Passivseite der Bilanz, welche beide der Geldentwertung unterliegen. Die Frage, ob beide gleichermaßen von der Inflation beeinflusst werden, wird in Kapitel sieben betrachtet.

Sichtbar wurde, dass der Zeitpunkt eines Ansatzes und die Inflationshöhe während der Nutzungsdauer erhebliche Auswirkungen auf die Rechnungslegung haben.

Prinzipienkonflikt 5

Anhand der zuvor betrachteten inflationären Entwicklung wird deutlich, dass zwei Grundsätze ordnungsgemäßer Buchführung miteinander kollidieren. Zum einen erstrebt die Rechnungslegung nach HGB eine vorsichtige Darstellung der VFE-Lage (Vorsichtsprinzip gem. § 252 Abs. 1 Nr. 4 HGB). Zum anderen soll der Jahresabschluss ein realistisches Bild abgeben (Realisationsprinzip gem. § 252 Abs. 1 Nr. 4 HGB). Die IFRS betonen die Relevanz, die glaubwürdige Darstellung, sowie die Vollständigkeit innerhalb der Bilanzierung (vgl. IFRS Framework Rz. 26–38).

Prinzipiell verbietet das handelsrechtliche Vorsichtsprinzip die Aufwertung von Vermögensgegenständen, sowie die Abwertung von Schulden. Verfolgt man jedoch die Darstellung eines realistischen Bildes, sollten die stillen Reserven abgebildet werden. Der Konflikt der beiden GoB's wird durch das Niederstwertprinzip für Vermögensgegenstände bzw. durch das Höchstwertprinzip für Schulden geklärt. Dabei dient die Zugangsbewertung als Grenze der Folgebewertung. Da die IFRS eine glaubwürdige Darstellung fokussieren, besteht die Möglichkeit diese Untergrenze für Vermögensgegenstände zu überschreiten. Dennoch soll ein Jahresabschluss nach IFRS und HGB der Verständlichkeit und der Vergleichbarkeit dienen. Ob sich dies durch eine nominale Rechnungslegung verbessert, wird im Folgenden analysiert.

© Der/die Autor(en), exklusiv lizenziert durch Springer Fachmedien Wiesbaden GmbH, ein Teil von Springer Nature 2022
S. Gasch, *Die Problematik der Inflation in der Rechnungslegung*,
https://doi.org/10.1007/978-3-658-36628-5_5

Der Einfluss der Inflation auf die Richtlinien des Handelsrechts 6

Durch einzelne Gesetze, Richtlinien und Standards wird der nationalen und internationalen Rechnungslegung ein Rahmen gegeben. Dabei liegen Regelungen vor, in denen festgesetzte Zahlenwerte benannt werden. Folglich sollen wichtige quantifizierbare Merkmale des Handelsrechts betrachtet und deren Anpassung geprüft werden. Die Überprüfung findet mit den kumulierten Inflationsraten aus den Jahren 2000–2020 statt, da die aufgelisteten Gesetze nicht vor 2000 veröffentlicht wurden.

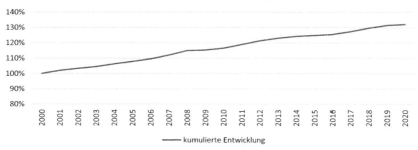

Abb. 6.1 kumulierte Inflationsentwicklung 2000–2020. (Quelle: Eigene Darstellung)

6.1 § 241a HGB (Befreiung von der Pflicht zur Buchführung und Erstellung eines Inventars)

Die erste Fassung des § 241a HGB wurde am 29.05.2009 wie folgt veröffentlicht (Abb. 6.2):

---

§ 241a[1] Befreiung von der Pflicht zur Buchführung und Erstellung eines Inventars

[1]Einzelkaufleute, die an den Abschlussstichtagen von zwei aufeinander folgenden Geschäftsjahren nicht mehr als 500 000 Euro Umsatzerlöse und 50 000 Euro Jahresüberschuss aufweisen, brauchen die §§ 238 bis 241 nicht anzuwenden. [2]Im Fall der Neugründung treten die Rechtsfolgen schon ein, wenn die Werte des Satzes 1 am ersten Abschlussstichtag nach der Neugründung nicht überschritten werden.

Abb. 6.2 § 241a Befreiung von der Pflicht zur Buchführung und Erstellung eines Inventars. (Quelle: [Handelsgesetzbuch] I BUND – beck-online, 2016)

Am 01.01.2016 folgte die erste zahlenbasierte Änderung der abgebildeten Fassung.[1] Die Erneuerung bezog sich auf 600.000 € Umsatzerlöse und auf 60.000 € Jahresüberschuss für die Möglichkeit zur Befreiung.[2] Die Gesetzesänderung resultierte aus dem Bürokratieentlastungsgesetz vom 28.07.2015.[3] Der Beweggrund war demnach Inflationsfern. Kumuliert man die Inflationsentwicklung von 2009 bis 2016 ergibt dies eine Gesamtänderung von ca. 8,3 % (vgl. Abb. 6.1). Berechnet man hingegen die Gesamtveränderung des Gesetzes erhält man eine Erhöhung von ca. 16,7 %. Demnach hat die Gesetzesanpassung die Inflationsänderungen gedeckelt.

Die kumulierte Entwicklung der Inflation von 2016 bis 2020 ergibt eine Veränderung von ca. 5 %, welche nicht risikobehaftet ist. Demnach ist eine inflationsperspektivische Anpassung zurzeit nicht nötig.

6.2 § 267 HGB (Umschreibung der Größenklassen)

Die Regelung des § 267 HGB dient der Einteilung in die Größenklassen. Dabei besitzen Absatz 1 und 2 die quantifizierbaren Merkmale. Die erste Fassung der Absätze wurde am 01.01.2000 folgendermaßen publiziert (Abb. 6.3):

---

[1] Vgl. [Handelsgesetzbuch] I BUND – beck-online, 2016.
[2] Vgl. [Handelsgesetzbuch] I BUND – beck-online, 2016.
[3] Vgl. Bundesgesetzblatt online, 2015.

6.2 § 267 HGB (Umschreibung der Größenklassen)

> **§ 267** [1] [2] **Umschreibung der Größenklassen**
>
> (1) Kleine Kapitalgesellschaften sind solche, die mindestens zwei der drei nachstehenden Merkmale nicht überschreiten:
> 1. Fünf Millionen dreihundertzehntausend Deutsche Mark Bilanzsumme nach Abzug eines auf der Aktivseite ausgewiesenen Fehlbetrags (§ 268 Abs. 3).
> 2. Zehn Millionen sechshundertzwanzigtausend Deutsche Mark Umsatzerlöse in den zwölf Monaten vor dem Abschlußstichtag.
> 3. Im Jahresdurchschnitt fünfzig Arbeitnehmer.
>
> (2) Mittelgroße Kapitalgesellschaften sind solche, die mindestens zwei der drei in Absatz 1 bezeichneten Merkmale überschreiten und jeweils mindestens zwei der drei nachstehenden Merkmale nicht überschreiten:
> 1. Einundzwanzig Millionen zweihundertvierzigtausend Deutsche Mark Bilanzsumme nach Abzug eines auf der Aktivseite ausgewiesenen Fehlbetrags (§ 268 Abs. 3).
> 2. Zweiundvierzig Millionen vierhundertachtzigtausend Deutsche Mark Umsatzerlöse in den zwölf Monaten vor dem Abschlußstichtag.
> 3. Im Jahresdurchschnitt zweihundertfünfzig Arbeitnehmer.

Abb. 6.3 § 267 Umschreibung der Größenklassen. (Quelle: [Handelsgesetzbuch] I BUND – beck-online, 2015a)

Ersichtlich ist, dass die Zahlenwerte in Deutscher Mark dargestellt sind. Eine Richtlinie des Rates der Europäischen Union zur Änderung der Bilanz- und Konzernbilanzrichtlinien (KapCoRiLiG) vom 09.03.2000 führte bereits zur ersten Änderung.[4] Diese Anpassungen der Merkmale umfassten eine quantitative Erhöhung um 27 %. Dabei kann die Veränderung nicht inflationstechnisch begründet werden, da die Inflationsrate im Jahr 2000 lediglich bei 1,5 % lag (vgl. Abb. 6.1).[5] Durch die Einführung des Euros wurden die rechtlichen Grundlagen zum 01.01.2002 erneut angepasst.[6] Die Umrechnung mit dem historischen Stichtagskurs (1 DM = 0,51.129 €) ergab nur eine minimale Differenz zur vorherigen Fassung.[7]

---

[4] Vgl. Bundesgesetzblatt online, 2000.
[5] Vgl. Finanz-Tools.de, o. J.
[6] Vgl. [Handelsgesetzbuch] I BUND – beck-online, 2015a.
[7] Vgl. DM Euro Rechner, o. J.

Bis zur gegenwärtigen Fassung vom 23.07.2015 gab es drei weitere Gesetzesänderungen.[8] Zum einen wurden durch das BilReG vom 04.12.2004 die Zahlenwerte um den Prozentsatz 14 % angehoben.[9,10] Die Werte liegen dabei deutlich über der kumulierten Inflationsanpassung von 2,8 % für den Zeitraum 2002 bis 2004 (vgl. Abb. 6.1). Zum anderen lag ab dem 29.05.2009 eine weitere Fassung der Absätze eins und zwei vor.[11] Einbezogen wurde dabei das Bilanzrechtsmodernisierungsgesetz vom 25.05.2009 mit einer Änderung der quantifizierbaren Merkmale um 17 %.[12] Kumuliert man die Inflationsraten von 2004 bis 2009 ergibt dies eine Summe von ca. 8 % (vgl. Abb. 6.1). Die letzte Fassung ergibt sich durch das BilRUG, welches aus der Umsetzung von europäischen Richtlinien entstand.[13] Die Änderung ergibt eine Erhöhung der Faktoren um 24 % im ersten Absatz und um 4 % im zweiten Absatz.[14] Für die kumulierte Inflation in dem Zeitraum 2009 bis 2015 wurde ein Wert von ca. 7,8 % berechnet (vgl. Abb. 6.1).[15] Demzufolge wären die Inflationsänderungen in der rechtlichen Anpassung des ersten Absatzes vorhanden. Der zweite Absatz umfasst die inflationäre Entwicklung nicht.

Gesamt betrachtet, gab es in dem Zeitraum 2000 bis 2015 Anpassungen des § 267 Abs. 1 HGB um 121 % und § 267 Abs. 2 HGB um 84 %. Parallel dazu stieg die kumulierte Inflation in dem Zeitraum um ein Fünftel (ca. 20,3 %, vgl. Abb. 6.1). Dementsprechend ist das Risiko der Nichteinbeziehung der Inflation in diesem Gesetz durch die Anpassungen aufgehoben.

---

[8] Vgl. [Handelsgesetzbuch] | BUND – beck-online, 2015a.
[9] Vgl. [Handelsgesetzbuch] | BUND – beck-online, 2015a.
[10] Vgl. Bundesgesetzblatt online, 2004.
[11] Vgl. [Handelsgesetzbuch] | BUND – beck-online, 2015a.
[12] Vgl. Der Bundesgerichtshof, 2009.
[13] Vgl. bgbl, 2015.
[14] Vgl. [Handelsgesetzbuch] | BUND – beck-online, 2015a.
[15] Vgl. Finanz-Tools.de Team, o. J.

6.3 § 267a HGB (Kleinstkapitalgesellschaften)

Das Gesetz § 267a HGB dient zur Bestimmung von Kleinstkapitalgesellschaften und wurde am 28.12.2012 auf folgende Weise eingeführt (Abb. 6.4):[16]

> **§ 267a**[1][2] **Kleinstkapitalgesellschaften**
>
> (1) ¹Kleinstkapitalgesellschaften sind kleine Kapitalgesellschaften, die mindestens zwei der drei nachstehenden Merkmale nicht überschreiten:
> 1. 350 000 Euro Bilanzsumme nach Abzug eines auf der Aktivseite ausgewiesenen Fehlbetrags (§ 268 Absatz 3);
> 2. 700 000 Euro Umsatzerlöse in den zwölf Monaten vor dem Abschlussstichtag;
> 3. im Jahresdurchschnitt zehn Arbeitnehmer.
>
> ²Die Bilanzsumme setzt sich aus den Posten zusammen, die in den Buchstaben A bis E des § 266 Absatz 2 aufgeführt sind, wobei bei Ausübung des in § 274a Nummer 5 geregelten Wahlrechts der betreffende Buchstabe nicht berücksichtigt wird. ³ § 267 Absatz 4 bis 6 gilt entsprechend.

Abb. 6.4 § 267a Kleinstkapitalgesellschaften. (Quelle: [Handelsgesetzbuch] | BUND – beck-online, 2015b)

Die zahlenmäßigen Merkmale haben sich demnach seit 2012 nicht verändert. Für den Zeitraum von 2012 bis 2020 liegt eine kumulierte Inflationsrate von ca. 8,9 % vor (vgl. Abb. 6.1). Der inflationäre Einfluss ist erkennbar und sollte angepasst werden.

6.4 § 293 HGB (Größenabhängige Befreiungen)

Die Regelung des § 293 HGB stellt die Befreiungsgrundlagen für die Pflicht eines Mutterunternehmens von der Erstellung eines Konzernabschlusses und eines Konzernlageberichts dar.[17] Die quantifizierbaren Merkmale befinden sich nur im ersten Absatz. Der erste Absatz fand wie folgt am 01.01.2000 seine erste Gültigkeit (Abb. 6.5):

---

[16] Vgl. [Handelsgesetzbuch] | BUND – beck-online, 2015b.
[17] Vgl. [Handelsgesetzbuch] | BUND – beck-online, 2015c.

> **§ 293** [1] [2] **Größenabhängige Befreiungen**
>
> (1) ¹Ein Mutterunternehmen ist von der Pflicht, einen Konzernabschluß und einen Konzernlagebericht aufzustellen, befreit, wenn
>
> 1. am Abschlußstichtag seines Jahresabschlusses und am vorhergehenden Abschlußstichtag mindestens zwei der drei nachstehenden Merkmale zutreffen:
>
>   a) Die Bilanzsummen in den Bilanzen des Mutterunternehmens und der Tochterunternehmen, die in den Konzernabschluß einzubeziehen wären, übersteigen insgesamt nach Abzug von in den Bilanzen auf der Aktivseite ausgewiesenen Fehlbeträgen nicht dreiundsechzig Millionen siebenhundertzwanzigtausend Deutsche Mark.
>
>   b) Die Umsatzerlöse des Mutterunternehmens und der Tochterunternehmen, die in den Konzernabschluß einzubeziehen wären, übersteigen in den zwölf Monaten vor dem Abschlußstichtag insgesamt nicht einhundertsiebenundzwanzig Millionen vierhundertvierzigtausend Deutsche Mark.
>
>   c) Das Mutterunternehmen und die Tochterunternehmen, die in den Konzernabschluß einzubeziehen wären, haben in den zwölf Monaten vor dem Abschlußstichtag im Jahresdurchschnitt nicht mehr als fünfhundert Arbeitnehmer beschäftigt; oder
>
> 2. am Abschlußstichtag eines von ihm aufzustellenden Konzernabschlusses und am vorhergehenden Abschlußstichtag mindestens zwei der drei nachstehenden Merkmale zutreffen:
>
>   a) Die Bilanzsumme übersteigt nach Abzug eines auf der Aktivseite ausgewiesenen Fehlbetrags nicht dreiundfünfzig Millionen einhunderttausend Deutsche Mark.
>
>   b) Die Umsatzerlöse in den zwölf Monaten vor dem Abschlußstichtag übersteigen nicht einhundertsechs Millionen zweihunderttausend Deutsche Mark.
>
>   c) Das Mutterunternehmen und die in den Konzernabschluß einbezogenen Tochterunternehmen haben in den zwölf Monaten vor dem Abschlußstichtag im Jahresdurchschnitt nicht mehr als fünfhundert Arbeitnehmer beschäftigt.
>
> ²Auf die Ermittlung der durchschnittlichen Zahl der Arbeitnehmer ist § 267 Abs. 5 anzuwenden.

Abb. 6.5 § 293 Größenabhängige Befreiungen. (Quelle: [Handelsgesetzbuch] | BUND – beck-online, 2015c)

Aufgrund der historischen Rahmenbedingungen lag diese Ausführung in Deutscher Mark vor.[18] Die Veränderungen der rechtlichen Gegebenheiten änderten sich parallel zu den Änderungen des § 267 HGB. In den Jahren 2000, 2002, 2004, 2009 sowie 2015 gab es demnach zahlenmäßige Anpassungen.[19] Die erste Anpassung ergab einen zahlenbasierten Rückgang der Merkmale von 49 %, welche der Vorbereitung der anschließenden Anpassung der Währungsreform am 01.01.2002 diente. Denn die anschließende Veränderung während der Einführung des Euros lag bei null.

---

[18] Vgl. [Handelsgesetzbuch] | BUND – beck-online, 2015c.
[19] Vgl. [Handelsgesetzbuch] | BUND – beck-online, 2015c.

Die weiteren Anpassungen stimmen mit ihrer prozentualen Veränderung mit den Änderungen aus § 267 Abs. 2 HGB überein und sind nicht erneut aufzulisten. Daraus ergibt sich, dass die inflationäre Entwicklung analog gedeckelt ist.

6.5 Zusammenfassung des Einflusses der Inflation auf die handelsrechtlichen Richtlinien

Die untersuchten Gesetze im Handelsrecht ergaben, dass nur ein Gesetz derzeit unter einer Inflationsveränderung liegt und die Anpassung fehlt. Jedoch wurde angenommen, dass die jeweils erste Gesetzesversion angemessen und zeitgemäß war. Demnach wurden die Veränderungen aus der ersten Fassung betrachtet.

Da bei drei Gesetzen die relevante Anpassung durchgeführt wurde, ist anzunehmen, dass das Risiko der Inflation auch weitergehend im Handelsrecht untersucht wird und Anpassungen durchgeführt werden.

Der Einfluss der Inflation auf die Bilanz

7

Im folgenden Teil dieser wissenschaftlichen Untersuchung sollen die Auswirkungen der Inflation auf bedeutende Bilanzposten analysiert werden. Es soll die reale Darstellung der Vermögens- und Finanzlage hinterfragt werden. Dabei findet die Analyse nach § 266 Abs. 1 und Abs. 2 HGB positionsorientiert statt. Im Gegensatz zur GuV ist die inflationäre Veränderung der Bilanz verständlicher, da die Bilanzierung stichtagsbezogen ist und sich auf einen bestimmten Kurs bezieht.

Innerhalb der Analyse soll untersucht werden, ob der jeweilige Bilanzposten direkt oder indirekt von der Inflation beeinflusst wird. Zusätzlich soll die Stärke der Auswirkungen untersucht werden. Dabei wird zwischen leicht, mittel und starken Auswirkungen differenziert. Zuletzt erfolgt die Betrachtung der Folgebewertung, wobei die Verständlichkeit einer inflationären Folgebewertung der Jahresabschlussadressaten bewertet wird.

7.1 Aktivseite

Die Aktivseite der Bilanz gibt das Vermögen sowie die aktiven Rechnungsabgrenzungsposten einer Gesellschaft wieder.[1] Die Aktiva wird nach § 266 Abs. 2 HGB in Anlagevermögen, Umlaufvermögen, Rechnungsabgrenzungsposten, aktive latente Steuern und dem aktiven Unterschiedsbetrag aus der Vermögensverrechnung aufgegliedert. In der folgenden Analyse werden sich nur Anlage- und Umlaufvermögen betrachtet. Die anderen drei Bilanzpositionen werden nicht aufgeführt, da sie nur indirekt von der Inflation beeinflusst werden und ihre Auswirkungen leicht sind.

---

[1] Vgl. Baetge et al., 2019, S. 158.

© Der/die Autor(en), exklusiv lizenziert durch Springer Fachmedien Wiesbaden GmbH, ein Teil von Springer Nature 2022
S. Gasch, *Die Problematik der Inflation in der Rechnungslegung*, https://doi.org/10.1007/978-3-658-36628-5_7

7.1.1 Anlagevermögen

Im Anlagevermögen befinden sich grundsätzlich Investitionen, welche der Gesellschaft langfristig erhalten bleiben sollten (vgl. § 247 Abs. 2 HGB). Daher ist der Zeitpunkt der Anschaffung besonders ausschlaggebend. Die Überlegung soll den betriebswirtschaftlichen Zielen und Möglichkeiten entsprechen. Dabei ist fraglich, ob das Anlagevermögen eher hoch oder niedrig anzusetzen ist und inwiefern stille Reserven erwünscht sind.

Die Zugangsbewertung des Anlagevermögens unterliegt § 253 Abs. 1 S. 1 HGB i.V. m. § 255 HGB, wobei der Ansatz höchstens mit den geleisteten Anschaffungs- oder Herstellungskosten erfolgen darf. Demnach ist eine nachträgliche inflationäre Anpassung nicht vorgesehen. Zusätzlich ist das Niederstwertprinzip stetig anzuwenden (vgl. § 253 Abs. 3 S. 5 HGB), welches die Einbeziehung der Inflation ebenso bei der Folgebewertung verhindert.

Im Anschluss soll eine detailliertere Auseinandersetzung mit den Auswirkungen der Inflation im Anlagevermögen stattfinden.

7.1.1.1 Immaterielle Vermögensgegenstände

Durch die Preissteigerung hat die Inflation einen direkten Einfluss auf die immateriellen Vermögensgegenstände, welcher jedoch nur eine mittlere Auswirkung auf die Darstellung des Bilanzpostens hat. Die Effekte der Folgebewertung werden durch die planmäßige Abschreibung (vgl. § 253 Abs. 3 S. 1 und 2 HGB) eingeschränkt.

Immaterielle Vermögensgegenstände werden zum einen in Folge eines Eigentumsübergangs mit ihren AK angesetzt.[2] Durch den Kauf vom Beschaffungsmarkt kann eine ausführliche Börsen- bzw. Marktpreisuntersuchung stattfinden. Zum anderen können gem. § 248 Abs. 2 HGB selbstgeschaffene immaterielle Vermögensgegenstände mit den Herstellungskosten angesetzt werden, wobei sich die inflationäre Entwicklung innerhalb einer Kostenanalyse nachvollziehen lässt. Die Kostenanalyse würde dabei lediglich indirekte inflationäre Auswirkungen haben.

Immaterielle Vermögensgegenstände sind planmäßig abzuschreiben, wodurch eine inflationsbedingte Anpassung nicht ausschlaggebend wäre.

---

[2] Vgl. Kahle/Kopp, 2020, S. 65.

Nach IFRS können die Inflationseffekte durch das Neubewertungsmodell aufgefangen werden. Dabei liegt jedoch die Voraussetzung vor, dass ein Markt für diesen Vermögensgegenstand vorliegt.[3] Besonders bei immateriellen Vermögensgegenständen ist eine Vergleich am Markt oft nicht möglich.

7.1.1.2 Sachanlagen

Der Einfluss der Inflation auf das Sachanlagevermögen liegt direkt vor und hat mittelstarke Auswirkungen auf die Bewertung. Analog zu den immateriellen Vermögensgegenständen ist die Folgebewertung mit Ausnahme des Grund und Bodens eingeschränkt.

Der Ansatz und die Bewertung der Sachanlagen erfolgen grundsätzlich identisch zu den immateriellen Vermögensgegenständen.

In die Sachanlagen können geringwertige Wirtschaftsgüter (GWG) eingebucht werden. Im Vergleich zum Steuerrecht gibt es im Handelsrecht keine festgesetzte Obergrenze für GWG.[4] Da einige Unternehmen eine Einheitsbilanz anstreben, wird die steuerrechtliche Regelung betrachtet. Laut Steuerrecht darf demnach bei einem Wirtschaftsgut mit AK unter 800 € eine Sofortabschreibung durchgeführt werden (vgl. § 6 Abs. 2 S. 1 EStG). Die Regelung wurde 2006 eingeführt und legte zunächst eine Grenze von 410 € fest. Eine quantitative Anpassung ist zu erkennen. Die letzte Änderung deckelt die inflationäre Bewegung.

Die Vermögensverwaltung Flossbach von Storch AG hat zur Analyse von Teuerungen des Sach- und Finanzvermögens einen eigenen Index geschaffen.[5,6] Dabei wird 2017 als Währungsjahr verwendet.[7] Bei der Untersuchung werden unter Sachanlagen Immobilien, Betriebsvermögen, langfristige Verbrauchsgüter sowie Sammel- und Spekulationsgüter gezählt.[8]

Anhand Abb. 7.1 ist deutlich zu erkennen, dass die Sachanlagepreise ein deutlich stärkeres Wachstum im Vergleich zur kumulierten Inflationsentwicklung (vgl. Abb. 6.1) besitzen. Die Entwicklung ist exponentiell und bezieht sich auf den Zeitraum 2005 bis 2021. Daraus ergibt sich, dass unterschiedliche Vermögensgegenstände andere Preisentwicklungen besitzen.

---

[3] Vgl. Sodan, 2021.

[4] Vgl. Baetge et al., 2019, S. 275.

[5] Vgl. Fondsprofessionell, 2020.

[6] Vgl. FvS Vermögenspreisindex Deutschland, 2021.

[7] Vgl. FvS Vermögenspreisindex Deutschland, 2021.

[8] Vgl. FvS Vermögenspreisindex Deutschland, 2021.

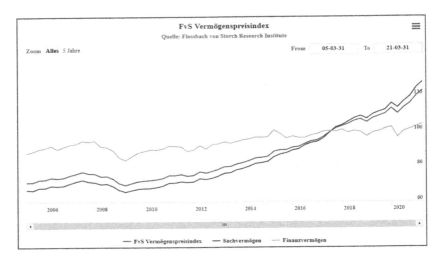

Abb. 7.1 FvS Vermögensindex. (Quelle: Flossbach von Storch, 2021)

Experten behaupten, dass die Immobilienpreise aufgrund der niedrigen Zinsen weiter steigen werden.[9] Daraus ergibt sich, dass der Anschaffungszeitpunkt bei Sachvermögen umso entscheidender ist, um eine bestimmte Darstellung im Jahresabschluss zu erhalten.

Grundstücke sind aufgrund der unmöglichen Abnutzung nicht abzuschreiben. Daraus ergibt sich, dass der Anschaffungswert mehr Bedeutung besitzt. Zudem wird Grund und Boden häufig als Investition verwendet, um sich vor der Inflation zu schützen, da die Nachfrage immer weiter steigt und die Gütermenge gleich bleibt.[10] Die erhebliche Preisentwicklung von Grundstücken wird folglich dargestellt (Abb. 7.2):

---

[9] Vgl. FvS Vermögenspreisindex Deutschland, 2021.
[10] Vgl. Kauhs, 2013.

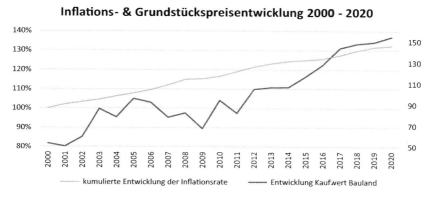

Abb. 7.2 Inflations- & Grundstückspreisentwicklung 2000–2020. (Quelle: DüCon GmbH, 2016)

Die Abbildung stellt die Entwicklung der Grundstückspreise sowie der Inflation für den Zeitraum 2000 bis 2020 dar. Das Wachstum der Grundstückspreise scheint in Anlehnung des inflationären Wachstums sehr dynamisch zu wachsen. Die Aktivierung eines Grundstücks im Jahr 2000, würde eine ganz andere Darstellung des Anlagevermögens erzeugen wie eine Anschaffung im Jahr 2020. Der Anschaffungszeitpunkt ist in Jahresabschlüssen nicht erkennbar, sodass der Adressat dazu keine gezielte Einschätzung machen kann.

7.1.1.3 Finanzanlagen

Der Effekt der Inflation bei Finanzanlagen ist insbesondere durch die verbundenen Unternehmen indirekt vorhanden. Die Auswirkungen hängen von dem Vermögensgegenstand ab und können leicht sowie stark sein. Eine Folgebewertung ist sinnvoll, um einen realistischen Blick für die zeitige Lage zu erhalten.

Die Finanzanlagen werden bei der Zugangsbewertung und beim Ansatz wie immaterielle Vermögensgegenstände bilanziert. Für die Folgebewertung hat man eine Werthaltigkeitsbewertung durchzuführen und mögliche außerplanmäßige Abschreibungen zu buchen.[11] Analog ist bei den Finanzanlagen auch das Niederstwertprinzip zu beachten.[12] Diese Vorgehensweisen können besonders bei

---

[11] Vgl. Baetge et al., 2019, S. 322.
[12] Vgl. Baetge et al., 2019, S. 322.

Aktien mit einer starken Volatilität zu hohen stillen Reserven führen.[13] Das Verhältnis zwischen Wertpapieren und der Inflation kann nicht generalisiert werden. Die Breite des Aktienmarkts ist dabei so unterschiedlich, dass man schlecht von einer inflationären Entwicklung einer Aktie sprechen kann.[14] Grundsätzlich werden Aktien aber gerne als langfristige Absicherung vor der Inflation verwendet.[15]

Bezogen auf die Abbildung 7.1 von Flossbach von Storch ist erkennbar, dass das Finanzvermögen eine recht stabile Entwicklung von 2005 bis 2021 besaß. Das Finanzvermögen umfasste dabei die Spar- und Sichteinlagen, Aktien, Rentenwerte und sonstige Finanzvermögen.[16]

Der Einfluss der Inflation auf die Finanzanlagen ist besonders durch das Niederstwertprinzip erhöht und von Art des Vermögensgegenstands sowie von Zeitpunkt der Anschaffung abhängig.

7.1.2 Umlaufvermögen

Die Zugangsbewertung des Umlaufvermögens hat höchstens mit den AHK stattzufinden (vgl. § 253 Abs. 1 S. 1 HGB). Eine planmäßige Abschreibung ist nicht vorgesehen. Die Vermögensgegenstände unterliegen dem strengen Niederstwertprinzip nach § 253 Abs. 4 S. 1 HGB. Außerplanmäßige Abschreibungen sind demnach möglich (vgl. § 253 Abs. 4 S. 2 HGB).

In Folgenden wird eine Ausarbeitung der Effekte der Inflation auf Vorräte, Forderungen, Wertpapiere und liquide Mittel durchgeführt.

7.1.2.1 Vorräte

Vorräte unterliegen einem direkten Einfluss der Inflation. Die anschließenden Auswirkungen auf die bilanzielle Darstellung ist stark und kann in der Folgebewertung dargestellt werden.

Für Vorräte gibt es Bewertungsvereinfachungsverfahren, die trotz des Grundsatzes der Einzelbewertung (vgl. § 252 Abs. 1 Nr. 3 HGB) eine vereinfachte Bewertung ermöglichen.

Eine Gruppenbewertung darf nur bei gleichartigen Vermögensgegenständen durchgeführt werden (vgl. § 240 Abs. 4 i. V. m. § 256 S. 2 HGB). Bei der

---

[13] Vgl. Welt der BWL, o. J.
[14] Vgl. Joubert, 2021.
[15] Vgl. Joubert, 2021.
[16] Vgl. FvS Vermögenspreisindex Deutschland, 2021.

Bewertung wird nach jeder Periode ein gewogener Durchschnittspreis geschätzt und es werden Wertklassen gebildet.[17] Durch die periodische Bewertung können auch gestiegene Preise einberechnet werden. Die Vorgehensweise verhindert eine Blase von stillen Reserven.

Eine weitere Bewertungsmöglichkeit der Vorräte ist die Sammelbewertung gem. § 256 S. 1 HGB. Das Bewertungsverfahren kann für gleichartige Vermögensgegenstände verwendet werden. Es wird zwischen zwei verschiedenen Verfahren differenziert, dem LIFO- und dem FIFO-Verfahren.[18] Das verwendete Verfahren soll gem. § 284 Abs. 2 Nr. 1 HGB im Anhang benannt werden.[19,20] Bei der Verwendung der Sammelbewertung wird erwartet, dass die Unternehmen die bilanziell effektivere Verbraucherfolge verwenden.[21] Zudem wird eine durchgehende Preiserhöhung angenommen, da das Verfahren ansonsten gegen das Niederstwertprinzip verstoßen würde.[22]

Das LIFO-Verfahren verhindert bei steigenden Preisen den Ausweis von Scheingewinnen, da die Kosten sich nah an den Börsen- oder Marktpreisen befinden.[23] Das FIFO-Verfahren und eine Durchschnittsberechnung würden die steigenden Preise nicht deutlich genug gewichten können, sodass es zu Scheingewinnen kommt.[24]

Liegen gestiegene Preise vor, wird beim LIFO-Verfahren keine neue Bestandsbewertung durchgeführt.[25] Der Aufwand erhöht sich und stille Reserven entstehen.[26]

Aufgrund des Vorsichtsprinzips (vgl. § 252 Abs. 1 Nr. 4 HGB) ist anzunehmen, dass der Gesetzgeber die Verwendung von stillen Reserven vor der Buchung von Scheingewinnen bevorzugt und analog zum Steuerrecht LIFO bevorzugt.

Eine weiteres Bewertungsvereinfachungsverfahren stellen die Festwerte dar (vgl. § 240 Abs. 3 i.V. m. § 256 S. 2 HGB). Ein Festwert wird gebildet, wenn

---

[17] Vgl. Baetge et al., 2019, S. 357.
[18] Vgl. Baetge et al., 2019, S. 359.
[19] Vgl. Baetge et al., 2019, S. 359.
[20] Vgl. Kahle/Kopp, 2020, S. 138.
[21] Vgl. Feldmüller et al., 2020, S. 783.
[22] Vgl. Gerginov, 2021.
[23] Vgl. Baetge et al., 2019, S. 363.
[24] Vgl. Baetge et al., 2019, S. 363.
[25] Vgl. Baetge et al., 2019, S. 363.
[26] Vgl. Baetge et al., 2019, S. 363.

sich Zugänge und Abgänge ausgleichen.[27] Da gem. § 240 Abs. 3 S. 2 HGB spätestens alle drei Jahre eine körperliche Bestandsaufnahme durchzuführen ist, ist das Risiko einer Unterbewertung gering. Liegt eine Mehrung vor, ist der Festwert nicht zu verändern.[28] Demnach ist eine inflationäre Anpassung nicht vorgesehen.

7.1.2.2 Forderungen und sonstige Vermögensgegenstände

Forderungen sind direkt von der Inflation betroffen, wobei die inflationären Auswirkungen aufgrund der Bewertung zum Nennbetrag nur leicht vorliegen. Daraus ergibt sich, dass eine inflationäre Folgebewertung irrelevant wäre.

Die Zugangsbewertung von Forderungen erfolgt gem. § 253 Abs. 1 S. 2 HGB mit dem Nennbetrag.[29] Eine Folgebewertung mit einer außerplanmäßigen Abschreibung findet statt, wenn ein geminderter beizulegender Wert vorliegt (vgl. § 253 Abs. 4 S. 2 HGB).

Im Rahmen der Inflation ist bei den Forderungen eine Geldentwertung zu erkennen und sollten demnach utopisch betrachtet analog zu der Inflation steigen. Jedoch ist es unüblich eine Rechnung aufgrund einer leichten inflationären Entwicklung anzupassen.

Bei Währungsforderungen aus Lieferungen und Leistungen findet die Aktivierung mit dem gültigen Devisenkassabriefkurs statt. Bei Forderungen aus Fremdwährungsdarlehen findet sie mit dem Devisenkassageldkurs statt.[30]

7.1.2.3 Wertpapiere

Der Einfluss der Inflation bei Wertpapieren ist indirekt und kann unterschiedliche Auswirkungen haben. Eine Folgebewertung mit Einbeziehung der stillen Reserven wäre sinnvoll.

Die Zugangsbewertung der Wertpapiere wird gem. § 253 Abs. 1 HGB mit den AK aktiviert.[31] Die Folgebewertung erfolgt wie bereits benannt mit dem Börsen- oder Marktpreis nach dem strengen Niederstwertprinzip, um insbesondere die Bilanzierung von schwebenden Geschäften zu verhindern. Demnach ist eine inflationäre Einbeziehung in der Rechnungslegung nicht vorgesehen. Bereits benannte Aspekte bei Wertpapieren im Finanzanlagevermögen, sind analog hier nicht aufzuführen.

---

[27] Vgl. Baetge et al., 2019, S. 364 f.
[28] Vgl. Feldmüller et al., 2020, S. 783.
[29] Vgl. Baetge et al., 2019, S. 326.
[30] Vgl. Feldmüller et al., 2020, S. 845.
[31] Vgl. Baetge et al., 2019, S. 331.

7.1.2.4 Liquide Mittel

Liquide Mittel sind am geringsten von der Inflation geschützt. Der Einfluss auf den Posten ist indirekt und hat bei einer stabilen Währung nur eine mittelstarke Auswirkung. Eine Folgebewertung ist unmöglich.

Der Zugang an liquiden Mitteln erfolgt nach dem Nennwert.[32] Die liquiden Mittel sind definitiv am dynamischsten betroffen, da sie als Gegenposten verwendet werden. Liegt eine erhöhte Inflationsrate vor, so verliert das Geld real an Wert.[33] Demnach versuchen Unternehmen ihr Vermögen in der Kasse gering zu halten.

7.2 Passivseite

Die Passivseite der Bilanz bezieht sich auf die Schulden und das Eigenkapital von Unternehmen.[34] Gem. § 266 Abs. 3 HGB wird die Passiva in Eigenkapital, Rückstellungen, Verbindlichkeiten, Rechnungsabgrenzungsposten sowie passive latente Steuern gegliedert. Die letzten beiden Bilanzpositionen werden aufgrund ihrer Diversifikation und den indirekten inflationären Auswirkungen nicht untersucht.

7.2.1 Eigenkapital

Der Einfluss der Inflation im Eigenkapital ist zweigeteilt. Das gezeichnete Kapital ist direkt von der inflationären Entwicklung betroffen. Die Rücklagen einer Gesellschaft hingegen sind indirekt betroffen. Die Auswirkungen auf den Posten sind bei beiden stark. Eine inflationäre Folgebewertung wäre sinnvoll, aber ist besonders bei gezeichnetem Kapital schwierig.

Die Bilanzierung des Eigenkapitals ist rechtsformabhängig. Gem. § 272 HGB ist das Eigenkapital in das gezeichnete Kapital, die Kapitalrücklagen und Gewinnrücklagen zu unterteilen.[35] Das gezeichnete Kapital bezieht sich auf das Stamm- oder Grundkapital einer Gesellschaft und ist mit dem Nennbetrag zu passivieren (vgl. § 272 Abs. 1 S. HGB). Bei Kapitalgesellschaften muss ein bestimmter Wert überschritten werden. Die Untergrenze einer AG liegt bei 50.000 € (vgl. § 7

---

[32] Vgl. Feldmüller et al., 2020, S. 851.
[33] Vgl. Buske, 2021.
[34] Vgl. Baetge et al., 2019, S. 172.
[35] Vgl. Baetge et al., 2019, S. 473.

AktG) und bei einer GmbH bei 25.000 € (vgl. § 5 Abs. 1 GmbHG). Die beiden Regelungen sind bereits seit dem Jahr 2000 gültig und besaßen noch keine quantitative Änderung. Für die SE liegt eine Mindestgrenze von 120.000 € vor, welche seit 2004 gültig ist (vgl. Art. 4 Abs. 1 SE-VO). Im Zuge der Geldentwertung (vgl. Abb. 6.1) ist es folglich einfacher diese Grenze zu erreichen. Die Grenzen sollten somit angepasst werden.

Fraglich ist, ob bei einem fixen Geldwert die inflationäre Entwicklung bilanziell miteinberechnet werden sollte. Insbesondere bei Kapitalgesellschaften ist es anschaulicher, wenn die Höhe des gezeichneten Kapitals real bleibt. Die Gefahr einer Verwirrung sowie einer Unübersichtlichkeit ist durchaus gegeben. Zudem sind Veränderungen des gezeichneten Kapitals in das Handelsregister einzutragen. Erfolgt demnach eine Inflationsanpassung, wäre in jeder Periode eine Eintragung erforderlich.

Im Gegensatz zum festen gezeichneten Kapital sind die Rücklagen variable Bilanzpositionen.[36] Im Handelsrecht werden nur die offenen Rücklagen abgebildet. Die stillen Rücklagen werden aufgrund des Vorsichtsprinzips nicht quantifiziert. Wenn die Einbeziehung der stillen Reserven nach IFRS erfolgen würde, könnte dem Bilanzleser ein besseres Bild verschafft werden und der nominale Wert wäre eher vermitteln.

7.2.2 Rückstellungen

Der Einfluss der Inflation ist bei Rückstellungen indirekt gegeben, da die Bewertung auf einen Erfüllungsbetrag beruht. Die Auswirkungen sind mittelstark. Eine inflationäre Folgebewertung ist möglich und sollte gebucht werden.

Der bilanzielle Ansatz einer Rückstellung hat mit vernünftiger kaufmännischer Einschätzung zum notwendige Erfüllungsbetrag zu erfolgen (vgl. § 253 Abs. 1 S. 2 HGB). Ein notwendiger Erfüllungsbetrag bezieht sich dabei auf einen erwarteten Wert. Strittig ist dabei, ob anstehende Preis- und Kostensteigerungen hierbei inkludiert werden.[37] Eindeutig ist, dass die Einbeziehung von objektiven Hinweisen auf eine wirtschaftliche Belastung sinnvoll ist.[38] Demzufolge ist fraglich, ob die veröffentlichten Inflationsziele der EZB die Einbeziehung

---

[36] Vgl. Baetge et al., 2019, S. 494.
[37] Vgl. Kahle/Kopp, 2020, S. 156.
[38] Vgl. Kahle/Kopp, 2020, S. 156.

der inflationären Entwicklung ermöglichen.[39,40] Aufgrund des Vorsichtsprinzips wäre es jedoch annehmbar. Rückstellungen unterliegen jedoch auch dem Stichtagsprinzip (vgl. § 252 Abs. 1 Nr. 3 HGB). Will man die endgültige Inflationsrate mit einberechnen, würde dies strenggenommen gegen das Stichtagsprinzip verstoßen, da die inflationären Effekte erst in der nächsten Periode vorliegen. Dagegen spricht das Höchstwertprinzip, was eine Unterbewertung auf der Passivseite verhindert.

Betrachtet man Rückstellungen mit einer Laufzeit von mehr als einem Jahr wie Pensionsrückstellungen, sollte anzunehmen sein, dass die Höhe der Rückstellung die zukünftige Verpflichtung abdecken kann. Demnach wird erwartet, dass weitere künftigen Faktoren und Änderungen gleichermaßen berücksichtigt werden.[41] Eine überschlagende Einrechnung der zukunftsorientierten Inflation ist erforderlich.

7.2.3 Verbindlichkeiten

Die Inflation hat analog zu den Rückstellungen einen indirekten Einfluss auf die Verbindlichkeiten, besitzt mittelstarke Auswirkungen auf die Darstellung des Postens und eine Folgebewertung sollte durchgeführt werden.

Im Gegensatz zu den Rückstellungen ist Grund und Höhe einer Verbindlichkeit gewiss. Durch die Quantifizierbarkeit ist der Erfüllungsbetrag gleich der Zugangsbewertung (vgl. § 253 Abs. 1 S. 2 HGB). Die Folgebewertung erfolgt nach dem Höchstwertprinzip.[42] Liegt eine inflationäre Preisanpassung vor, ist somit der höhere Wert anzusetzen.

Die Geldentwertung durch die Inflation sorgt zudem für eine Entschuldung, wodurch Schulden unmittelbarer zurückzuzahlen sind.[43]

---

[39] Vgl. Baetge et al., 2019, S. 424.
[40] Vgl. Kahle/Kopp, 2020, S. 156.
[41] Vgl. Baetge et al., 2019, S. 423.
[42] Vgl. Baetge et al., 2019, S. 391.
[43] Vgl. Kraus, 2020.

7.3 Zusammenfassung des Einflusses der Inflation auf die Bilanz

Das Ergebnis der Untersuchung ist, dass die Inflation unterschiedliche Effekte auf Bilanzpositionen besitzt. Eine Übersicht der Resultate wird folglich abgebildet (Abb. 7.3):

Abb. 7.3 Einfluss der Inflation auf die Bilanz. (Quelle: Eigene Darstellung)

Der Einfluss der Inflation auf die Gewinn- und Verlustrechnung

8

Neben der Bilanz ist für den Jahresabschluss gem. § 242 Abs. 2 HGB eine Gewinn- und Verlustrechnung aufzustellen. Die GuV ergibt sich aus dem Saldo der Erträge und Aufwendungen eines Geschäftsjahres und stellt eine Zeitraumrechnung für eine spezifische Periode dar.[1] Anhand der GuV kann sich der Adressat ein Bild der Ertragslage machen.[2]

Die folgende Untersuchung wird nach dem Gesamtkostenverfahren gestaffelt (vgl. § 275 Abs. 2 HGB) und greift lediglich bestimmte inflationäre Entwicklungen auf.

8.1 Umsatzerlöse

Umsatzerlöse sind eine typische Kennzahl, sodass betriebswirtschaftliche Ziele regelmäßig mit den zukünftigen Umsatzwerten beschlossen werden. Bei einer durchlaufenden Inflation sollte eine Gesellschaft eine Preisanpassung durchführen. Bei gleichbleibender Nachfrage steigen demzufolge die Umsatzerlöse. Dabei würde die Inflation einen Einfluss auf die Zugangsbewertung haben. Ein Umsatzwachstum kann demnach allein durch eine inflationäre Preisanpassung geschaffen werden. Um dies zu verhindern, sollten Preisänderungen im Anhang aufgelistet werden.

---

[1] Vgl. Baetge et al., 2019, S. 586.
[2] Vgl. Baetge et al., 2019, S. 587.

© Der/die Autor(en), exklusiv lizenziert durch Springer Fachmedien Wiesbaden GmbH, ein Teil von Springer Nature 2022
S. Gasch, *Die Problematik der Inflation in der Rechnungslegung*,
https://doi.org/10.1007/978-3-658-36628-5_8

8.2 Materialaufwand

Im Zuge der Geldentwertung ist den Lieferanten bewusst, dass diese die Preise erhöhen müssen, damit sie ihre Marge stabil halten können. Demnach steigen die Preise bei den Lieferanten und erhöhen die Kosten der Kunden.

Je nach inflationärem Ansatz der Vermögensgegenstände im Umlaufvermögen kann es zu einer Erhöhung der Abschreibungssumme kommen.

8.3 Personalaufwand

Durch die Preissteigerungen werden Lohnerhöhungen eingefordert, welche wiederum die Preise steigen lassen. Es entsteht eine Lohn-Preis-Spirale.[3] Die Kettenreaktion ist eine Konsequenz der Geldentwertung im Konsumbereich.[4] Die Parallele zwischen der Inflation und dem Lohn lässt sich in der Abbildung 8.1 erkennen:

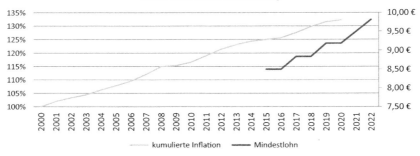

Abb. 8.1 kumulierte Inflationsentwicklung & Mindestlohnentwicklung. (Quelle: Eigene Darstellung)

Die Abbildung bezieht sich auf die Beziehung zwischen dem Mindestlohn und der Inflation. Es ist erkennbar, dass der Mindestlohn einen deutlichen Anstieg

---

[3] Vgl. Lippens, 1991.s. 89.
[4] Vgl. Bundeszentrale für politische Bildung, 2016.

verzeichnet. Die Untersuchung des Mindestlohns kann erst nach der Einführung 2015 stattfinden. Aus der Darstellung ist ersichtlich, dass eine Parallelität vorliegt und beide Kennzahlen ein positives Wachstum besitzen. Demnach ist anzunehmen, dass die Inflation einen Anstieg des Personalaufwands auslöst und betriebswirtschaftliche Anpassungen notwendig sind.

8.4 Abschreibungen

Die Abschreibungen können durch die Inflation beeinflusst werden, indem der Wert des Vermögensgegenstandes sich durch die Folgebewertung verändert hat. Anschließend würde die Summe der Abschreibungen steigen.

8.5 Sonstige betriebliche Aufwendungen

Bei einer Inflation würde man unter den sonstigen betrieblichen Aufwendungen verschiedene Kosten einordnen.[5]

Durch die Inflation versuchen Unternehmen einen geringeren Wert in der Kasse zu besitzen. Demnach müssten öfters Aufwendungen für die liquiden Mittel getätigt werden, um weiterhin liquide zu bleiben.[6] Diese Aufwendungen werden Schuhsohlenkosten genannt.[7]

Weitere Kosten, welche unter die sonstigen betrieblichen Aufwendungen fallen könnten sind die Speisekartenkosten.[8] Diese beziehen sich auf den Aufwand der Erneuerung von Preisen in Folge der Preissteigerungen.[9]

Durch die dynamische Änderung des Marktes ist die Erreichung eines guten Preises erschwert.[10] Demnach ist das Gleichgewicht zwischen Angebot und Nachfrage ausgesetzt.[11] Der Aufwand einen passenden Preis zu finden stellen die Allokationskosten dar.[12]

---

[5] Vgl. Behncke, 2020.
[6] Vgl. Behncke, 2020.
[7] Vgl. Behncke, 2020.
[8] Vgl. Behncke, 2020.
[9] Vgl. Behncke, 2020.
[10] Vgl. Behncke, 2020.
[11] Vgl. Behncke, 2020.
[12] Vgl. Behncke, 2020.

Die Inflation sorgt demnach für versteckten Aufwand. Je höher die Inflation ist umso mehr Aufwand muss für eine angepasste Rechnungslegung erfolgen.

8.6 Jahresüberschuss bzw. Jahresfehlbetrag

Das Jahresergebnis saldiert die Aufwendungen und Erträge einer Periode in der GuV. Demnach ist der Saldo abhängig von den vorherigen Ansätzen und Bewertungen. Bei beibehaltenden Rahmenbedingungen ist anzunehmen, dass die Steigerungen der Kosten und die Steigerungen der Erlöse sich gegenseitig wegkürzen und der Gewinn gleich bleibt.

9 Der Einfluss der Inflation auf die Kapitalflussrechnung

Ziel der Kapitalflussrechnung einer Gesellschaft ist es einen retrospektiven Einblick in die Verwendung des Finanzmittelfonds transparent zu präsentieren.[1] Zudem bezieht sich die Kapitalflussrechnung auf die Ertragskraft, die Selbstfinanzierungskraft, die Kreditwürdigkeit und die Expansionsfähigkeit durch Ein- und Auszahlungen.[2] Die Kapitalflussrechnung ist eine Zeitraumrechnung und unterliegt keinen verpflichtenden bilanzpolitischen Maßnahmen.[3]

Für den Adressaten soll erkennbar sein, wie die Liquidität und Solvenz eines Unternehmens in bestimmten Rahmenbedingungen verwendet werden könnte. Demnach könnte zum einen betrachtet werden, wie ein Unternehmen bei einer plötzlichen Hyperinflation ihre Finanzlage buchhalterisch stabil halten könnte (prospektiv). Zum anderen kann betrachtet werden, was bei einer durchlaufenden Inflation mit den Zahlungsströmen der Kapitalflussrechnung passiert (retrospektiv).

Der Cashflow aus betrieblicher Tätigkeit beinhaltet grundsätzlich den Jahresüberschuss, die Abschreibungen, die Rückstellungen und das Umlaufvermögen. Die Untersuchung innerhalb der Bilanz hat ergeben, dass diese vier Bestandteile einen deutlichen Einfluss durch die Inflation besitzen und der Ausweis demnach beeinflusst werden kann. Je nach welche Bewertung dieser Bilanzposten verwendet wird, entsteht eine unterschiedliche Darstellung.

Der Cashflow aus Investitionstätigkeiten umfasst die Aktivierung und Ausbuchungen von Vermögensgegenständen aus dem Anlagevermögen und soll

---

[1] Vgl. Feldmüller et al., 2020, S. 1362.
[2] Vgl. Deitermann et al., 2020, S. 403.
[3] Vgl. Pellens et al., 2017, S. 197.

Auskunft über die künftigen Erträge geben.[4] Der Cashflow kann besonders von Vermögensgegenständen, welche lange dem Geschäftsbetrieb dienen die stillen Reserven bei einer Veräußerung aufzeigen. Der Cashflow bezieht sich demnach auf nominale Zahlungsströme und beinhaltet die Preisänderungen durch die Inflation.

Der Cashflow aus Finanzierungstätigkeiten lässt sich am geringsten von der Inflation beeinflussen. Besonders beim Eigenkapital ist eine inflationäre Anpassung erschwert.

Die Darstellung der Kapitalflussrechnung unterliegt dem Stetigkeitsprinzip, wonach eine inflationäre Einrechnung oder Bereinigung beizubehalten ist (vgl. DRS 21.23).

Laut DRS 21.37 ist bei einer Bewertungsänderung der Finanzmittelfonds der veränderte Betrag gesondert im Cashflow aufzuzeigen.

Durch DRS 21.13 kann eine Kapitalflussrechnung, welche in einer anderen Währung vorliegt, mit einem Transaktionskurs umgerechnet werden.[5] Ob diese Regelung auch für hochinflationäre Länder gilt, ist strittig.[6] Die Reglung könnte ein falsches Bild auf die Ertragslage erzeugen.

---

[4] Vgl. Pellens et al., 2017, S. 201.
[5] Vgl. Feldmüller et al., 2020, S. 1365.
[6] Vgl. Feldmüller et al., 2020, S. 1366.

Ergebnis 10

Trotz einer jährlichen Inflationsrate von max. 2 % wird deutlich, dass umfangreiche Auswirkungen auf die Rechnungslegung vorliegen. Der schleichende Prozess lässt durch die handelsrechtlichen Grundsätze langfristig stille Reserven und stille Lasten entstehen.

Bereits 1929 wurde die Bilanzkontinuität durchbrochen, um die inflationären Auswirkungen aus der Rechnungslegung zu entfernen. Im Zuge dessen wurde das Niederstwert- sowie das Höchstwertprinzip beibehalten. Diese und das Vorsichtsprinzip verhindern eine nominale Darstellung des Jahresabschlusses.

Die Untersuchung des Jahresabschlusses hat ergeben, dass die einzelnen Posten unterschiedlich auf die Inflation reagieren und diese Effekte nicht pauschalisiert werden können. Nach den untersuchten Aspekten können AK besser bewertet werden als HK. Eine inflationäre Folgebewertung kann durch die Abschreibung eingeschränkt werden. Bewertungsverfahren können die Inflation einbeziehen. Einige Vermögensgegenstände können als Inflationsschutz dienen. Bei einigen Posten ist eine inflationäre Betrachtung nicht nötig. Die Inflation kann ein fälschliches Umsatzwachstum generieren. Des Weiteren können durch die Inflation spezielle Kosten entstehen und andere Kosten steigen lassen.

Besonders der Zeitpunkt des Ansatzes sowie die Nutzungsdauer kann entscheidend bei der Darstellung einer Gesellschaft sein.

Bei der Untersuchung der einzelnen rechtlichen Regelungen fiel auf, dass nicht alle wertmäßig angepasst wurden. Die meisten wurden überarbeitet.

Es wurde demnach festgestellt, dass es nicht die eine Auswirkung auf den Jahresabschluss gibt. Eine nominale Darstellung wäre möglich, jedoch ohne weitere Informationen unübersichtlich. Zudem wurde erkannt, dass mehr Angaben zu stillen Reserven im Anhang aufzulisten sind. Bei besonders hohen AK eines Vermögensgegenstandes sollten Angaben zum Anschaffungszeitpunkt gemacht werden. Der Jahresabschlussadressat kann sich dadurch ein besseres Bild verschaffen.

Reflexion 11

Die untersuchte Fragestellung der Arbeit bezog sich auf eine verbesserte Darstellung der Gesellschaft durch Einbeziehung der Inflation. Die Arbeit konnte anhand der Untersuchung der handelsrechtlichen Bewertung sowie der Betrachtung der rechtlichen Merkmale deutliche Zusammenhänge zwischen der Inflation und der Rechnungslegung erkennen und Konflikte herausfiltern.

Ein rein nominaler Jahresabschluss wäre möglich, würde jedoch undurchschaubar sein und die externe Vergleichbarkeit beeinträchtigen. Parallel zum Modell von Bradley/Jarrell sprechen die gewonnenen Erkenntnisse gegen eine nominale Darstellung.

Das Ergebnis der Arbeit ist allgemein gehalten. Wie zu Anfang betont, gibt es nationale und branchenabhängige Unterschiede bei der Inflationsrate. Demnach wären Angaben zu stillen Reserven besonders bei Unternehmen im Energiesektor vorteilhaft. Zudem wurde festgestellt, dass nicht jedes Unternehmen die Möglichkeit besitzt Kostenerhöhungen durch eine Preisanpassung an die Kunden weiterzugeben. Dadurch könnte eine Lücke auf dem Markt entstehen. Große Preis- und Kostenänderungen sollten im Jahresabschluss benannt werden.

Die aufgeführten Änderungen stellen erhöhten Aufwand für die Gesellschaften dar. Kleine Kapitalgesellschaften sollten hier außer Acht gelassen werden. Besonders große Kapitalgesellschaften sollten aufgrund der öffentlichen Aufmerksamkeit der Pflicht unterliegen Angaben zu den Auswirkungen der Inflation aufzuzeigen.

Zuletzt sollte hinterfragt werden, ob die Verwendung des VPI bei Wirtschaftseinheiten sinnvoll ist. Der VPI stellt das Konsumentenverhältnis dar und bezieht sich nicht auf die Produzenten. Zudem umfasst der Warenkorb bspw. keine Immobilien, welche für einige Unternehmen von großer Bedeutung sind. Da der betriebswirtschaftliche Umfang einer Gesellschaft jedoch so verschieden sein kann, ist die Verwendung des VPI zu akzeptieren.

Der aufgestellten Hypothese kann besonders bei der Annahme einer stetigen handelsrechtlichen Anpassung nicht vollumfänglich zugestimmt werden. Weitere Quellen wurden bestmöglich auf Richtigkeit geprüft.

Fazit und Ausblick 12

Die Ausarbeitung der Überschneidungen der Rechnungslegung und der Inflation ist besonders in Anbetracht der gestiegenen Inflationsraten weiterhin bedeutsam. Aufgrund der Preisniveaustabilität ist anzunehmen, dass der Konflikt in Zukunft weiter von Bedeutung sein wird.

Durch die Arbeit konnte ein Einblick in den schleichenden Prozess der Geldentwertung gegeben werden und ein Verständnis für die dahintersteckende Dynamik geschafft werden.

Im Zug der Internationalisierung sind weitere Angleichungen des Handelsrechts an die IFRS anzunehmen, sodass eine getreue Darstellung das Vorsichtsprinzip verdrängen könnte. Dadurch würde die Differenz zwischen einer nominalen und einer realen Darstellung einer Gesellschaft verkleinert werden.

Grundsätzlich ist die beste Darstellung für den Jahresabschlussadressaten zu erzeugen, sodass ein tatsächliches Bild der Gesellschaft erstellt wird. Zusammenfassend lässt sich festhalten, dass vor diesem Hintergrund empfohlen wird, dass Unternehmen Angaben zu stillen Effekten machen sollten.

Literaturverzeichnis

Baetge, Jörg, Hans-Jürgen Kirsch und Stefan Thiele (2019): Bilanzen. 35. Aufl., Düsseldorf 2019.

[Handelsgesetzbuch] I BUND – beck-online (2016): § 241a Befreiung von der Pflicht zur Buchführung und Erstellung eines Inventars beck-online, in: https://beck-online.beck.de/Dokument?vpath=bidata%2Fges%2Fhgb%2Fcont%2Fhgb.p241a.htm&versionDate=20090529#lawversion, 01.01.2016, Zugriff 10.06.2021a.

[Handelsgesetzbuch] I BUND – beck-online (2015): § 267 Umschreibung der Größenklassen, in: https://beckonline.beck.de/Dokument?vpath=bibdata%2Fges%2Fhgb%2Fcont%2Fhgb.p267.htm&versionDate=20000101#lawversion, 23.07.2015, Zugriff 10.06.2021b.

[Handelsgesetzbuch] I BUND – beck-online (2015): § 267a Kleinstkapitalgesellschaften, in: https://beck-online.b-eck.de/Dokument?vpath=bibdata%2Fges%2Fhgb%2Fcont%2Fhgb.p267a.htm&anchor=Y-100-G-HGB-P-267A&jumpType=Jump&jumpWords=267a%2Bhgb, 23.07.2015, Zugriff 10.06.2021c.

[Handelsgesetzbuch] I BUND – beck-online (2015): § 293 Größenabhängige Befreiungen, in: https://beck-online.beck.de/Dokument?vpath=bibdata%2Fges%2Fhgb%2Fcont%2Fhgb.p293.htm&anchor=Y-100-G-HGB-P-293&jumpType=Jump&jumpWords=293%2Bhgb, 23.07.2015, Zugriff 10.06.2021d.

Beeker, Dr. Detlef (2016): VWL für Dummies. 1. Aufl., Weinheim 2016.

Behncke, Nadine (2019): Hyperinflation: Definition, Ursachen und Folgen, in: https://thinkaboutgeny.com/hyperinflation, 01.96.2019, Zugriff 01.06.2021.

bgbl (2015): Gesetz zur Umsetzung der Richtlinie 2013/34/EU des Europäischen Parlaments und des Rates vom 26. Juni 2013 in: https://www.bgbl.de/xaver/bgbl/start.xav#__bgbl__%2F%2F*%5B%40attr_id%3D%27bgbl115s1245.pdf%27%5D__1624808766714, 22.07.2015, 01.06.2021.

Böcking, Hans-Joachim (2018): Bilanz, in: https://wirtschaftslexikon.gabler.de/definition/bilanz-31477#:%7E:text=Bilanzierungszeitraum%3A%20a)%20Totalbilanzen%20(Stichtag,das%20Totalergebnis%20einer%20Unternehmung%20ermitteln, 2018, Zugriff 01.06.2021.

Bundesgesetzblatt online (2004): Bundesgesetzblatt Teil I – 2004 – Nr. 65 vom 09.12.2004 – Gesetz zur Einführung internationaler Rechnungslegungsstandards und zur Sicherung der Qualität der Abschlussprüfung (Bilanzrechtsreformgesetz BilReG), in: https://www.bgbl.de/xaver/bgbl/start.xav?start=%2F%2F*%5B%40attr_id%3D%27bgbl104s3166.pdf%27%5D#__bgbl__%2F%2F*%5B%40attr_id%3D%27bgbl104s3166.pdf%27%5D__1624808511821, Zugriff 06.06.2021.

Bundesgesetzblatt online (2000): Bundesgesetzblatt Teil I – 2000 – Nr. 8 vom 08.03.2000 – Gesetz zur Durchführung der Richtlinie des Rates der Europäischen Union zur Änderung der Bilanz- und der Konzernbilanzrichtlinie hinsichtlich ihres Anwendungsbereichs (90/605/EWG), zur Verbesserung der Offenlegung von Jahresabschlüssen und zur Änderung anderer handelsrechtlicher Bestimmungen (Kapitalgesellschaften- und Co-Richtlinie-Gesetz – KapCoRiLiG), in: https://www.bgbl.de/xaver/bgbl/start.xav?startbk=Bundesanzeiger_BGBl&start=//*%5b@attr_id=%27bgbl100s0154.pdf%27%5d#__bgbl__%2F%2F*%5B%40attr_id%3D%27bgbl100s0154.pdf%27%5D__1623488928585, Zugriff 27.05.2021.

Bundesgesetzblatt online (2015): Bundesgesetzblatt Teil I – 2015 – Nr. 32 vom 31.07.2015 – Gesetz zur Entlastung insbesondere der mittelständischen Wirtschaft von Bürokratie (Bürokratieentlastungsgesetz) (o. D.), in: https://www.bgbl.de/xaver/bgbl/start.xav?startbk=Bundesanzeiger_BGBl&start=//*[@attr_id=%27bgbl115s1400.pdf%27]#__bgbl__%2F%2F*%5B%40attr_id%3D%27bgbl115s1400.pdf%27%5D__1623481856588, Zugriff 05.06.2021.

Bundeszentrale Für Politische Bildung (2016): Lohn-Preis-Spirale, in: https://www.bpb.de/nachschlagen/lexika/lexikon-der-wirtschaft/20000/lohn-preis-spirale, 2016, Zugriff 07.06.2021.

Buske, Nils (2021): Inflation: Definition, Bedeutung und Beispiele, in: https://www.handelsblatt.com/finanzen/anlagestrategie/trends/inflation-einfach-erklaert-was-ist-inflation-definition-bedeutung-beispiele/27010274.html?ticket=ST-2842802-91YiNsiTUMAlbQAjXqBC-ap3, 17.05.2021, Zugriff 01.06.2021.

Deitermann, Manfred, Björn Flader, Wolf-Dieter und Susanne Stobbe (2020): Industrielles Rechnungswesen – IKR: Schülerband, 49. Auf., Braunschweig 2020.

Der Bundesgerichtshof (2009): Gesetz zur Modernisierung des Bilanzrechts (Bilanzrechtsmodernisierungsgesetz BilMoG) in: https://www.bundesgerichtshof.de/DE/Bibliothek/GesMat/WP16/B/bilmog.html, 25.05.2009, Zugriff 07.06.2021.

Deutsche Forschungsgemeinschaft (DFG): (2014) Die Inflation von 1923, in: https://www.dfg.de/dfg_magazin/aus_der_dfg/geschichte/notgemeinschaft/inflation/index.html, 14.01.2014, Zugriff 02.06.2021.

DM Euro Rechner (o. J.): Umrechnungskurs DEM EUR, in: https://www.umrechner-euro.de/dm-euro, Zugriff 10.06.2021.

DüCon GmbH (2016): Die Boden und Grundstückspreisentwicklung in NRW, Immobilienbewertung und Unternehmensbewertung in Düsseldorf, in: https://www.duecon.de/preisentwicklung, Zugriff 06.06.2021.

Eurostat (2021): Jährliche Inflation im Euroraum auf 2,0% gestiegen, in: https://ec.europa.eu/eurostat/documents/2995521/11563103/2-01062021-AP-DE.pdf/6cc1976e-71f9-a513-6f1a-158c1284a63c?t=1622476482728, 01.06.2021, Zugriff 20.06.2021.

Eurostat (2021): Jährliche Inflationsrate im Euroraum auf 2,0% gestiegen, in: https://ec.europa.eu/eurostat/documents/2995521/11563139/2-17062021-AP-DE.pdf/c0d18491-

e2e4-8f50-5e4a-56946ebd70e3?t=1623880908323#:~:text=Die%20j%C3%A4hrliche%20Inflationsrate%20in%20der,Amt%20der%20Europ%C3%A4ischen%20Union%2C%20ver%C3%B6ffentlicht, 17.06.2021, Zugriff 20.06.2021.

Finanz-Tools.de (o. J.): Inflationsraten Deutschland, in: https://www.finanz-tools.de/inflation/inflationsraten-deutschland, o. J., Zugriff 28.05.2021.

Flossbach von Storch (2021): FvS Vermögenspreisindex Deutschland, in: https://www.flossbachvonstorch-researchinstitute.com/de/fvs-vermoegenspreisindex-deutschland/, 12.05.2021, Zugriff 10.06.2021.

Flossbach, Bert (2021): Angst vor Inflation, in: https://www.flossbachvonstorch.de/de/news/angst-vor-inflation/, 15.04.2021, Zugriff 03.06.2021.

Fondsprofessionell (2020): Flossbach von Storch: „Echte Inflation liegt bei knapp acht Prozent", in: https://m.fondsprofessionell.de/newssingle.php?uid=195380&rd=1, 18.02.2020, Zugriff 03.06.2021.

Freidank, Carl-Christian und Wilhelm Stroebel (1998): Rechnungslegungspolitik: Eine Bestandsaufnahme aushandels- und steuerrechtlicher Sicht, Hamburg 1998.

Friedl, Gunter und Bernhard Schwetzler (2010): Unternehmensbewertung bei Inflation und Wachstum, in: https://www.researchgate.net/publication/226304314_Unternehmensbewertung_bei_Inflation_und_Wachstum, 04.2010, Zugriff 01.06.2021.

Fröndhoff, Bert, Thomas Jahn, Florian Kolf und Ulf Sommer (2021): Inflation in Deutschland: Die Teuerungswelle rollt an, in: Handelsblatt, 27.04.2021, [online] https://www.handelsblatt.com/unternehmen/industrie/inflationsanstieg-die-teuerungswelle-lieferengpaesse-treiben-die-preise-fuer-industrie-und-konsumenten/27133454.html?ticket=ST-2638226-w6faxvBRA5VbjR9ZiKmU-ap3 [abgerufen am 27.04.2021].

Gerginov, David (2021): Lifo – Definition, Verfahren & Abgrenzung, in: https://www.gevestor.de/finanzwissen/oekonomie/betriebswirtschaft/lifo-674410.html#:%7E:text=LiFo%20Nachteile%3A&text=Die%20Einkommensteuerschuld%20wird%20reduziert%2C%20besonders,das%20aktuelle%20Einkommen%20verrechnet%20werden.&text=LiFo%20bietet%20eine%20bessere%20Bewertung,letzten%20Kosten%20gegen%20aktuelle%20Kosten, 2021, Zugriff 09.06.2021.

Greive, Martin (2021): Die Inflationsgefahr wächst – Märkte fürchten das Ende der Niedrigzinsen, in: https://www.handelsblatt.com/politik/deutschland/hoehere-preissteigerungen-die-inflationsgefahr-waechst-maerkte-fuerchten-das-ende-der-niedrigzinsen/26936318.html?ticket=ST-2617794-4nXqE4oWDw0ZdcaUalSR-ap3, 22.02.2021, Zugriff 22.02.2021.

Haufe (2021): Mindestlohn steigt auf 9,60 Euro, in: https://www.haufe.de/personal/arbeitsrecht/aktueller-mindestlohn_76_456370.html, 23.06.2021, Zugriff 23.06.2021.

IAS Plus (o. D.): IAS 29, in: https://www.iasplus.com/de/standards/ias/ias29, o. J., Zugriff 29.05.2021.

Institut Der Wirtschaftsprüfer In Deutschland E.V. (2020): WP Handbuch, 17. Aufl.2020, Düsseldorf 2020.

Ivanov, Angelika (2021): Inflationsrate in Deutschland: Tabelle von 2005 bis 2021, in: https://www.handelsblatt.com/politik/deutschland/inflation-bei-2-5-prozent-die-inflationsrate-in-deutschland-von-2005-bis-2021/26252124.html?ticket=ST-2859729-33zZ1uA6HWRJaPHf0d9bap3#:%7E:text=Inflation%20bei%202%2C5%20Prozent,so%20hoch%20wie%20zuletzt%202011, 31.05.2021, Zugriff 31.05.2021.

Joubert, Timothy (2021): How does inflation affect the stock market?, in: https://www.ig.com/en/trading-strategies/how-does-inflation-affect-the-stock-market-210423, 06.05.2021, Zugriff 10.06.2021.

Kahle, Holger und Nicolas Kopp (2020): Grundzüge der Handels- und Steuerbilanz, 1. Aufl., München 2020.

Kauhs, Olaf (2013): Grund und Boden, in: http://www.blog.anlage-top.de/informationen-zu/sachwerte/grund-und-boden/, 2013, Zugriff 09.06.2021.

Kraus, Andre (o. J.): Schulden und Inflation, in: https://anwalt-kg.de/insolvenzrecht/schulden-und-inflation/, o. J., Zugriff 11.06.2021.

Leffson, Ulrich (1987): Die Grundsätze ordnungsmässiger Buchführung, Düsseldorf 1987.

Liberto, Daniel und Khadija Khartit (2020): Inflation Accounting, in: https://www.investopedia.com/terms/i/inflation-accounting.asp, 30.11.2020, Zugriff 07.06.2021.

Lippens, Walter (1991): Im Kreislauf der Wirtschaft – Einführung in die Volkswirtschaftslehre, Köln 1991.

Mallien, Jan (2021): Inflation in Deutschland zieht weiter an – höchster Stand seit zwei Jahren, in: https://www.handelsblatt.com/finanzen/geldpolitik/verbraucherpreise-inflation-in-deutschland-zieht-weiter-an-hoechster-stand-seit-zwei-jahren-/27144152.html?ticket=ST-2619625-DHEfbU9fOus4aAqiPe3u-ap3, 29.04.2021, Zugriff 02.05.2021.

Oberbrinkmann, Frank (1990): Statische und dynamische Interpretation der Handelsbilanz: eine Untersuchung der historischen Entwicklung, insbesondere der Bilanzrechtsaufgabe und der Bilanzrechtskonzeption, Weinheim 1990.

Pellens, Bernhard, Rolf Uwe Fülbier, Joachim Gassen und Thorsten Sellhorn (2017) Internationale Rechnungslegung: IFRS 1 bis 17, IAS 1 bis 41, IFRIC-Interpretationen, Standardentwürfe, 10. Aufl., Stuttgart 2017.

Rechnungswesen-ABC (o. J.): Inflation, in: https://www.rechnungswesen-abc.de/vwl/makrooekonomie/infla-tion/, o. J., Zugang 29.05.2021.

Rechnungswesen-verstehen (o. J.): Folgen und Entstehung der Hyperinflation, in: https://www.rechnungswesen-verstehen.de/bwl-vwl/vwl/hyperinflation.php, o. J., Zugriff 30.05.2021.

Saage, Gustav und K. Barth (2013): Die stillen Reserven im Rahmen der Aktienrechtlichen Pflichtprüfung, Wiesbaden 2013.

Savary, Jacob (1968): Der vollkommene Kauf- und Handelsmann, Frankfurt am Main 1968.

Schmitz, Sascha (2016): Wirtschaftskrisen und Rechnungslegung, 1. Aufl., Hagen 2016.

Sodan (2021): Bilanzierung von erworbenem Intellectual Property, in: https://www.soldan.de/media/pdf/e2/5d/39/9783406640445_LP.pdf, o. J., Zugriff 06.06.2021.

Spindler, Daniel (2005): Zeitwertbilanzierung in Jahresabschlüssen nach dem ADHGB von 1861 und nach den IAS-IFRS, Berlin 2005.

Statista (2021a): Inflationsrate in Deutschland bis Mai 2021, in: https://de.statista.com/statistik/daten/stu-die/1045/umfrage/inflationsrate-in-deutschland-veraenderung-des-verbraucherpreisindexes-zum-vorjahresmonat/, 15.06.2021, Zugriff 30.05.2021.

Statista (2021b): Inflationsrate in Deutschland von 2008 bis 2020 sowie Prognose des IWF bis 2022, in: https://de.statista.com/statistik/daten/studie/684534/umfrage/prognose-des-iwf-zur-entwicklung-der-inflationsrate-in-deutschland/, 30.04.2021, Zugriff 15.06.2021.

Vehn, Albert (1929): Die Entwicklung der Bilanzauffassungen bis zum AHGB: Hat Savarys „Parlait Négociant" u. d. Ordonnance de commerce od. welche andere Tatsache die Entstehg d. stat. Bilanzauffassg bewirkt?, Wien 1929.

Literaturverzeichnis

Weber, Manfred (2013): So funktioniert der Geldmarkt (Haufe TaschenGuide), Freiburg 2013.

Welt der BWL (o. J.): Finanzanlagen Definition, in: https://welt-der-bwl.de/Finanzanlagen, o. J., Zugriff 06.06.2021.

Whittington, Geoffrey (2010): Inflation Accounting: An Introduction to the Debate (Cambridge Studies in Management, Band 3), Cambridge 2010.

Wiese, Jörg (2007): Steuerinduziertes und/oder inflationsbedingtes Wachstum in der Unternehmensbewertung?: Zur konsistenten Anwendung des Gordon/Shapiro-Modells bei Inflation und persönlicher Besteuerung, München 2007.